KB112459

아르헤리치의 말

아르헤리치의 말

삶이라는 축제를 연주하는 피아니스트

마르타 아르헤리치 · 올리비에 벨라미

이세진 옮김

마음산책

옮긴이 **이세진**

서강대학교와 같은 학교 대학원에서 철학과 프랑스문학을 공부했다. 전문번역가로 일하면서『마르타 아르헤리치』『음악의 기쁨』(전4권)『음악의 시학』『안티 딜레탕트 크로슈 씨』『내 친구 쇼팽』『쇼팽을 찾아서』『역사를 만든 음악가들』등 음악 관련 서적을 다수 번역했다.

아르헤리치의 말

삶이라는 축제를 연주하는 피아니스트

1판 1쇄 인쇄 2023년 1월 25일
1판 1쇄 발행 2023년 1월 30일

지은이 | 마르타 아르헤리치 · 올리비에 벨라미
옮긴이 | 이세진
펴낸이 | 정은숙
펴낸곳 | 마음산책

편집 | 성혜현 · 박선우 · 김수경 · 나한비 · 이동근
디자인 | 최정윤 · 오세라 · 차민지
마케팅 | 권혁준 · 권지원 · 김은비
경영지원 | 박지혜

등록 | 2000년 7월 28일(제2000-000237호)
주소 | (우 04043) 서울시 마포구 잔다리로3안길 20
전화 | 대표 362-1452 편집 362-1451   팩스 | 362-1455
홈페이지 | www.maumsan.com
블로그 | blog.naver.com/maumsanchaek
트위터 | twitter.com/maumsanchaek
페이스북 | facebook.com/maumsan
인스타그램 | instagram.com/maumsanchaek
전자우편 | maum@maumsan.com

ISBN 978-89-6090-794-2 03670

* 책값은 뒤표지에 있습니다.

중요한 건 음악이에요.

그렇지 않다면 피상적이죠.

음악 앞에서 연주자는 존재하지 않습니다.

진짜다움을 웬만큼 보존하는 것이 중요해요.

우리 시대에는 상당히 어려운 일이죠.

자기를 마주하고, 음악을 마주하면서.

■ 일러두기

1. 이 책은 프랑스에서 출간된 『Martha Argerich Raconte』(Buchet Chastel, 2021)를 우리 말로 옮긴 것이다.
2. '단상들'은 마르타 아르헤리치의 구술을 정리한 것이다.
3. 인명·지명 및 독음은 외래어 표기법을 따르되 관용적인 표기와 동떨어진 경우 절충하여 실용적 표기를 따랐다.
4. 원서의 주와 옮긴이 주 모두 각주로 처리하되 후자의 경우 주석 끝부분에 '옮긴이 주'임을 밝혀두었다.
5. 곡명·영화명·매체명은 〈 〉로, 책 제목은 『 』로, 기사 제목·편명은 「 」로 묶었다.
6. 사전에 저작권자의 허가를 얻지 못한 도판은 저작권자와 연락이 닿는 대로 사용 허가 절차를 밟을 예정이다.

첫 만남

첫 만남은 라 로크 당테롱 페스티벌이었다. 〈르 몽드 드 라 뮤지크 Le Monde de la musique〉*는 나에게 "세계 최고의 피아니스트"의 몇 마디를 건져오는 특수 임무를 맡겼다. 그녀는 넬슨 프레이레Nelson Freire 라는 또 다른 거장과 연주를 한다. 연주 후에는 만찬이 있다. 그때가 아니면 기회는 없다.

이중 첩자 킴 필비나 마타 하리의 위험천만한 임무도 이 일에 비하면 취미 삼아 하는 산책이라고 할까. 다들 나에게 경고했다. 그 사람은 인터뷰 안 해. 최대한 자연스럽게 굴어. 펜은 꺼내지 마. 전부네 머리로 기억해. 나는 늑대처럼 굶주린 원주민 보로로족의 눈길이 나에게 묵직하니 머무는 것을 느낀다. 이제 곧 꼬치구이가 될 어린 양에게.

당시 마르타는 나에게 조지프 맹키위츠 감독의 영화 〈세 부인A Letter to Three Wives〉에 등장하는 애디 로스 같은 인물이었다. 그녀를 중심으로 크고도 작은 세상이 돌아간다. 모든 이의 입에 오르내리는 스타이지만 정작 실제로 봤다는 사람은 아무도 없다.**

그렇지만 호텔에서 한 번 그녀와 마주쳤다. 관능적인 몸, 거만한 분위기, 느릿한 걸음, 무심하게 늘어뜨린 근육질 팔에는 악보가 가득 든 비닐 봉투가 들려 있었다. 그녀는 태양처럼 환한, 자의식이라곤 없는 모습으로 신화를 몰고 다녔다. 인디언풍 원피스, 손목과 목에 걸친 싸구려 장신구, 초점 없는 멍한 눈으로 뭇 피아니스트들에게 둘러싸여 있는 모습. 그 피아니스트 가신家臣들은 야수의 무심한 걸음걸이와 시큰둥한 표정을 자신들의 태도에 베껴 넣고 있었다. 나는 이 만남에 동요했다. 탐험가들이 내쫓을 수밖에 없었던 고도로 문명화된 낯선 부족의 성스러운 침묵의 춤을 얼핏 본 것 같았다.

마르타는 평생 피아노를 한 음도 치지 않았더라도 지금의 모습 그대로이리라. 민활한 정신과 뻣뻣한 몸, 에트루리아 석상의 눈과 사슴처럼 늘씬한 몸. 고개를 든 모양새는 또 어떤가! 아시리아 여왕의 머리채, 집시의 산발한 머리, 드루이드 여사제의 갈기, 근사한 모험을 말하는 이의 구불구불한 머리칼. 다듬지 않은 다이아몬드, 마구잡이 덤불과 잡초에 뒤덮인 유적, 고물은 모래에 파묻히고 뱃머리는 빛나는 여객선, 괄괄하지만 사납지는 않은 토라진 아이, 불 위에 올려놓은 밀크 팬, 뭔지 모를 냄새들이 풍기는 수위실에 붙박이 신세인 수위, 구

• 　　 1978년부터 2009년까지 발행되었던 프랑스의 음악 전문 월간지.—옮긴이 주

•• 　　 1949년작. 영화 속에서 애디 로스는 세 여자에게 그들 중 한 명의 남편과 떠난다는 편지를 보낸다. 그 남편이 누구인지 밝히지 않아서 애디 로스는 세 여자의 공공의 적이자 화제의 중심이 되지만 정작 영화 속에서 한 번도 등장하지 않는다.—옮긴이 주

름에게 미소 짓는 무지개, 갑자기 쨍한 웃음을 터뜨리고는 커피를 몇 잔씩 연달아 마시고 콜라도 몇 잔을 연거푸 들이켜는 소녀, 무슨 일을 하든 시선과 관심의 중심일 수밖에 없는 영원한 이방인.

베토벤의 말이 생각난다. "나폴레옹은 스스로 황제가 된 이후로 평범한 일개 인간에 지나지 않았다." 스스로 무엇이라고 선언할 필요가 없는 아주 드문 예술가 마르타 아르헤리치는 결코 평범할 수 없을 것이다. 그녀는 그런 점에서 압도적이지만 허영심을 자극하고, 그녀를 이용하는 것은 쉬운 일이다.

연주회 날 저녁, 그녀를 만난다는 생각에 너무 긴장해서 단 한 음도 귀에 들어오지 않았다. 나는 열에 들떠 이런저런 접촉 계획을 세웠다. 어떤 태도를 취해야 할까? 맨 처음에 뭘 물어볼까? 기억에 남으려면 어떻게 해야 하지?

자연스럽게 다가가는 수밖에 없었다. 그렇긴 한데, 자연스러움이야 말로 "모든 포즈를 통틀어 가장 확실히 거슬리는 포즈"라고 오스카 와일드도 말하지 않았는가. 게다가 자연스러움은 절대로 쉽지 않다! 어디 그뿐인가. 알프레드 히치콕의 영화 〈39계단〉에 나오는 '미스터 메모리'처럼 한마디 한마디를 기억하기 위해서도 무진장 애를 써야 할 판이었다.

만찬 자리에서 그녀는 나와 테이블 반대쪽 끝에 앉았다. 내가 로마의 검투사처럼 배짱 좋게 나갔다고 할 수는 없다. 내 계획을 알고 있던 그녀의 에이전트 자크 텔랑은 나를 조롱하는 눈초리로 주시하고 있었다. 편집장 나탈리 크라프트는 내가 나서야 할 때가 됐음을 환기할 기회를 결코 놓치지 않았다.

마르타 아르헤리치를 둘러싼 사람들은 큰 소리로 웃고 있었다. 에펠탑 주위에는 이미 촛불이 즐비했다. 얼간이 같은 내가 가물거리는 횃불을 들고 다가가봤자 무슨 소용이 있을까?

나는 용기를 내려고 코트 뒤 론 와인 한 병을 해치웠다. 후식이 나오고 내가 중언부언하기 시작했을 때, 갑자기 그녀의 맞은편 자리가 비었다. 그 자리가 오래 비어 있을 리 없으니 재빠르게 움직여야 했다. 인터뷰 계획을 비밀리에 알고 있었던 페스티벌 예술감독 르네 마르탱이 내게 격려하는 몸짓을 보였다.

비행기에서 낙하산 대신 침낭을 메고 허공에 다리를 늘어뜨린 기분이었다. 나는 숨을 깊이 들이마시고 뛰어내렸다. 카약을 타고 자이르강의 급류를 헤쳐나가듯 식당 안을 가로질렀다. 그녀는 내가 다가오는 것을 곁눈으로 보면서 아주 미미한 관심밖에 보이지 않았다. 르노 카퓌송이 자기에게는 접근하는 이를 밀어내거나 허용하는 본인만의 "더듬이"가 있다고 했던가. 그런 더듬이는 정확하고, 무서운 위력이 있으며, 예측이 안 된다.

나는 대화에 귀를 기울이는 척했지만 아무 말도 안 들렸다. 그녀는 몇 개 국어를 섞어서 말을 했고 나의 혈중알코올농도가 집중력을 다 말아먹었다. 나는 흐리멍덩한 정신으로 웃음소리 너머에서 중간중간 끊어지는 이탈리아어, 영어, 러시아어 단어들을 분별하려 애썼다. 술에 취하면 외국어가 더 잘 들린다더니…… 순전히 거짓부렁이다.

시간은 흐르고 내가 벤치에서 일어나 진창에서 분투 중인 팀에 합

류할 기회가 점점 줄어들고 있었는데, 그녀가 문득 나를 돌아보면서 지금 한 농담을 알아들었는지 묻는 게 아닌가. 나는 뭐라고 우물거리고 말끝을 흐리면서도 이해하지 못했다는 의미를 대충 전하긴 했다. 그녀는 내 마음이 녹아내릴 만큼 살갑게 그 농담을 통역해주었다.

나는 디드로가 『백과전서』 편찬 자금을 마련하기 위해 러시아에 체류하며 예카테리나 2세의 조언자 역할을 하던 때 아내에게 보낸 편지가 생각났다. "여제께서는 실로 놀라운 여성으로 자신을 내 수준까지 낮추기 위해 자신이 할 수 있는 모든 일을 하고 계신다오. 하지만 이 순간에도 그분은 내가 감히 엄두도 못 낼 만큼 높이 계시는구려……."

사려 깊은 행동에 감동한 데다가 어차피 농담을 알아듣기엔 너무 취해 있었던 나는 때맞지 않게 요란한 소리로 웃어버렸다. 하지만 물꼬는 텄다. 그러니 더 이상 어눌하게 굴어선 안 되었다. 업계 동료들의 웃음거리가 될쏘냐. 촌구석으로 돌아가 일을 구해야 한다는 지긋지긋한 두려움이 조금 가셨다.

예기치 않은 여왕의 배려에 대담해진 나는 시골 마을 소식지 수습 통신원이 버킹엄궁 연례 기자회견에서나 할 법한 질문을 던졌다. 아무리 좋게 봐도 투박하기 짝이 없는 첫 질문은 내가 며칠을 골몰하고 다듬었던 섬세한 미끼 질문과 딴판이었다. 나는 다짜고짜 그녀의 옛 스승 스카라무차에 대해서 물었던 것이다. 당시 나는 〈르 몽드 드 라 뮈지크〉에 위대한 음악 교육자들을 조명하는 글을 연재하고 있었다. 다분히 삐뚤어진 심리 상태로, 나는 대놓고 접근하는 주제에 가짜 미끼를 흔들어댔다. 그게 아니면 나의 진짜 의도를 나 자신에게까지 숨기고 싶었던가.

그녀는 나의 작전에 놀란 듯했지만, 나중에 알게 된바, 냅다 날린 작살이 도둑 걸음보다 효과적이었다. 그녀의 더듬이는 자기가 편하게 맞설 수 없는 노골적인 급선회보다 갑자기 끊어지는 어렴풋한 떨림을 더 예민하게 감지하는 편이었기 때문이다. 어이할거나, 배짱은 언제나 늘 잘 먹히는 것을.

기쁘게도 나에게 20여 분의 대화가 주어졌다. 마지못해 응해주는 대화이긴 했지만 그게 어딘가. 솔직히 말하면, 나는 대수롭지 않지만 재미있는 일화를 건져야 했다. "나의 여제"를 에워싸고 있던―영화 〈시씨〉에서 뵈클 사령관이 그랬던 것처럼 나도 얼간이 같은 소리를 하고 있다―피아니스트들 가운데 괜찮아 보이는 사람이 한 명 있었고 테이블 아래서 우리의 발이 열렬한 춤을 추었던 것으로 보건대 그 끌림은 쌍방이었다.

불행히도 까다로운 군주께서는 만찬이 끝나자 들떠 있던 '중위'를 데리고 가버렸다. 그래서 나는 성이 안 찼다. 예카테리나 2세께서는 (전함과는 상관없는) 포툠킨*의 애정을 내게 베풀 뜻이 전혀 없었다. 그녀는 보기보다 더 괴로운 참패를 우리에게 안겨주고 싶었던가.

나는 퇴짜 맞은 혼자인 채로, 술에 취하고 임무 완수에도 취해 비틀거리며 호텔 방으로 돌아왔다. 암흑 속의 약해빠진 정신, 바보처

---

* 러시아제국의 귀족이자 정치인으로, 예카테리나 2세의 정부情夫이기도 했다. 제1차 세계대전 당시의 러시아 전함과 이름이 같다.―옮긴이 주

럼 자기만족에 취한 정신으로 기억나는 것을 수첩에 휘갈겨 썼다. 다음 날, 기적의 낚시에는 알아볼 수 없이 흩어진 단어들밖에 남지 않았다. 그럼에도 흥미로운 정보라기보다는 허세 넘치는 무용담에 가까운 그 기사는 터무니없이 크게 실렸다. 나는 나중에 내가 반감을 샀다는 것을 알았다. 그 사실에 실망하지는 않았다. 예상 못 한 승리를 거뒀으니 나는 그저 숨으면 될 터였다.

변덕을 밥 먹듯 하는 미래의 결정은 달랐다. 신에게는 인간이 계획이 있다고 하는 말처럼 웃기는 말이 없다고 하지 않는가? 설령 무계획이 계획일지라도 말이다.

올리비에 벨라미

차 례

그대, 영원의 인질,

그리고 시간의 포로.

—보리스 파스테르나크, 「밤」 (1956)

인터뷰

베를린에서의 연주회를 앞둔 아르헤리치(1967, © Ilse Buhs/DG)

파리행 열차에서의 인터뷰
– 2004년

그 미적지근한 성공으로부터 4년 후, 나는 다시 전장으로 불려 갔다. 〈르 몽드 드 라 뮈지크〉는 변했다. 새로운 방식을 도입할 때는 세게 밀어붙여야 한다. 편집장은 마르타 아르헤리치를 표지 기사로 정했다. 인터뷰가 잡혔고 또다시 비웃음들이 나에게 쏠렸다.

그사이 나는 유럽의 여러 도시로 마르타 아르헤리치를 따라다녔다. 그는 이제 예전만큼 나에게 반감을 품지는 않았다. 초연한 척하면서 입에 발린 찬사를 남발하는 내 입과 연주회 뒤풀이에 슬그머니 잠입하는 나의 놀라운 재능을 곱지 않은 눈으로 바라보긴 했지만 말이다. 어차피 첫눈에 반했다가 환상에서 깨게 마련이라면, 아름다운 사연은 설명할 수 없는 반감에서부터 시작하지 않을까? 할리우드의 시나리오작가들이 이 낡아빠진 비법을 잘 써먹는 선수들이다. 폭풍이 다행스럽고 유쾌하게 지나갈 수도 있지 않나. 베토벤의 '전원' 교향곡을 들어보기만 해도 그 점은 알 수 있다. *

받기를 원한다면 주는 편이 낫다는 것을 알기에, 나는 진짜 의도를

감추고 젊은 피아니스트들이 들끓는 그녀의 벌집을 찬양하는 기사에
충분한 자료 고증과 유머 감각을 할애했다. 그 젊은이들은 실제로 재
능이 빼어났으므로 나의 명예에 누가 될 것은 없었다.

나는 새로운 접근을 시도하면서 좀 더 근본적인 술책을 썼다. 나의
뻔뻔함은 떠올리기만 해도 부끄러울 지경이다. 나는 여왕벌이 거하
는 브뤼셀에 예고 없이 들이닥쳤다. 막연하게 취재 핑계를 대고 그
녀의 집에 짐을 풀었다. 그렇다, 여러분이 잘못 읽은 게 아니다. 나는
벨을 누르고 그 집에 들어가 위층으로 올라갔다. 가엾은 우리 어머니
가 이 일을 아신다면! 세상의 숭배에 익숙한 거물들은 격식을 무시
하는 사람들에게 오히려 더 기꺼이 호의를 베푼다.

멀쩡하게 잘 받은 교육을 잊고 자연스러운 부끄러움을 부정한다는
게 얼마나 힘든지! 그래도 성공하고 싶으면 해내야 하는 거다. 특히
저널리즘에서는 더 그렇다!

나는 (하나 남아 있던) 아동용 침대에서 사흘 밤을 잤고, 그 집에서
살거나 잠시 묵는 재미있고 멋있는 사람들과 함께 떠들고 마시면서
사흘 낮을 보냈다. 마르타는 가끔 나타나 대화에 끼었다가 자기는 연
습하러 가야 한다는 말을 몇 번 되풀이하며 자리를 뜨곤 했다.

그녀는 이따금 꽤 오랜 시간 휴식을 취하면서 사소한 주제들을 두고
끝도 안 나는 토론에 매달렸다. 마구 쏟아내는 추임새, 수수께끼 같
은 표정, 사람 마음을 누그러뜨리는 순진함, 당황스러우리만치 시의

적절한 반응으로 그러한 주제들을 흥미롭게 만들려 애썼다. 그러면서도 나에게 제대로 된 인터뷰를 몇 분이라도 할애해주기를 고집스레 거부했다.

나는 이미 인생에 대한 밑도 끝도 없는 말들로 난자당한 채 쓰지도 못할 일화들만 끌어안고 터덜터덜 파리로 돌아가는 모습이 눈에 선했다. 경쾌한 삶을 사는 부러운 젊은이들과 함께 보낼 수 있었던 이 행복한 시간을 위안으로 삼기로 했다.

질문을 하기에 유리한 순간이 온다 싶으면 어김없이 장애물이 등장했다. 어느 피아니스트가 마르타와 관련이 있고 흥미를 끌 만한 주제를 들고 나와 그녀의 관심을 독차지하든가, 마르타가 무슨 큰일이 났다고 해서 모두가 한마디씩 끼어들어 몇 번이고 모든 추론과 모든 가능성을 검토하고, 전개하고, 반박하고, 토의하느라 날밤을 새우든가. 사흘이 지난 뒤, 나는 재치 있는 말 두세 마디, 즐거운 생각들을 꼽아보다가 작은 침대에서 곯아떨어졌고, 너무 구부러서 잘 펴지지도 않는 몸으로 잠에서 깼다. 판매 부수 감소로 타격을 입은 잡지의 표지를 장식할 어엿한 인터뷰 기사를 쓰기에는 내용이 턱도 없이 모자랐다.

돌아갈 시간만 남았다. 나의 히든카드. 실은 파리행 고속철도를 마르타와 함께 타고 가기로 되어 있었다. 그녀가 곧바로 샤를드골 공항에서 미국행 비행기를 타야 했기 때문이다. 그래서 나 혼자 1시간 20분 동안 그녀를 독차지할 수 있었다.

그녀의 역마살을 잘 아는 (그리 어리석지 않은) 지인들은 참새 떼처럼 흩어졌고 나는 남아서 그녀와 함께 생필품을 정리했다. 택시가 도착할 때까지도 마르타는 짐을 다 싸지 못했다. 택시 운전사를 돌려보내고 전화를 걸어 열차 시각을 다시 잡아야 했다. 끔찍이 불쾌한 기분을 씻어내고, 거센 태풍을 마주하고, 거대한 쓰나미를 버티고, 이집트의 열 가지 재앙에 맞먹는 사이클론을 상대해야 했다.

돛대에 결박당한 채 속수무책으로 이리저리 휘둘리는 오디세우스처럼, 나도 내가 어떻게 했는지는 모르지만, 사바나 초원에서 동물원으로 끌려가면서 포효하는 암사자와 함께 역까지 도망가는 데 성공했다. 일단 열차 객실에 앉고 나자 마르타는 세상에서 제일 다정한 인간, 지구상에 존재했던 피아니스트 중에서 가장 매력적인 사람으로 돌변했다.

올리비에 언제 새로운 독주 음반을 녹음하시나요?

아르헤리치 다들 그걸 물어보는데 난 관심 없어요. 내가 청중 앞에서 독주를 한다면 음반 취입도 당연히 하겠지만, 이제 난 독주를 하지 않으니까 음반만을 위해서 독주를 하는 건 작위적이잖아요. 그리고 그럴 시간도 없어요. 소용돌이에 휘말린 것처럼 정신없이 사는걸요. 내 집에는 사람 발길이 끊이질 않죠. 안락하게 살 정도는 벌고 있고, 그 이상 벌 필요는 없어요. 사실, 나는 나에게 정말로 관심이 없어요. 나 자신을 대단하게 생각하지 않아요. 남들의 일에

열광하고, 그게 행복해요. 평생 연주를 많이도 했는데 즐거웠던 적은 없어요. 이제 내가 관심 두는 일을 하기에도 시간이 많지 않고 독주는 내가 우선시하는 일이 아니죠. 난 이제 젊지 않아요. 나 좋은 대로 하고 살 권리가 있다고요. 사람들은 내가 괜히 그러는 거다, 애를 태우려고 그런다, 하지요. 절대 그렇지 않아요.

올리비에   자신감이 부족한 걸까요?

아르헤리치   자신 있었던 적은 한 번도 없어요.

올리비에   열다섯 살인가 열여섯 살 때 사진을 보면 굉장히 수줍어 보이긴 해요.

아르헤리치   나는 늘 수줍은 사람이에요.

올리비에   그렇지만 사람들에게 강렬한 인상을 남기시잖아요.

아르헤리치   내가 그러고 싶어서 그러는 게 아니에요.

인생을 즐기려고 해요. 자연, 책, 음악, 친구들.
나한테 행복이란 싫은 걸 견디지 않는 거예요.

올리비에   오늘날의 음악계를 어떻게 보시나요? 선생님 데뷔 때와
          비교해서요.

아르헤리치 많은 것이 변했죠. 시칠리아에 어느 오케스트라와 협연
          을 하러 갔는데 그때는 여자들이 첼로를 허벅지 사이에
          끼우지 않고 두 다리를 가지런히 모은 채 연주했어요. 옛
          날에도 좋은 점은 있었죠. 나야 늘 그렇지만 그 연주회
          다음 날도 엄청나게 늦어버렸어요. 공항에 데려다주러
          호텔로 차를 가져온 사람이 전화를 걸어 비행기가 내가
          도착할 때까지 기다려줬어요. 다들 내 비위를 너무 잘 맞
          춰줬다니까요. 그 외에는, 내가 보기엔 흥미롭지 않은 일
          부 피아니스트들이 성공을 거두는 데 반해, 대단한 재능
          을 지니고도 연주로 먹고살 수 없는 사람들이 많다는 사
          실에 항상 놀라곤 해요. 그런 일은 예전에도 있었지만 요
          즘은 특히 심한 것 같아요.

올리비에   랑랑Lang Lang의 성공에 대해서는 어떻게 생각하세요?

아르헤리치 내가 아주 좋아하는 연주자는 아니지만 크리스토프 에셴
          바흐Christoph Eschenbach, 유리 테미르카노프Yuri Temirkanov,
          다니엘 바렌보임Daniel Barenboim은 그 친구를 아주 좋아해
          요. 그러니까 뭐…….

올리비에   요즘 행복하신가요?

아르헤리치 동생과 압둘*이 세상을 떠나서 힘겨운 한 해를 보냈어요.
         그 생각을 하루도 빠짐없이 해요. 불교책을 많이 읽어요.
         그게 좋더라고요. 행복이요? 모르겠어요. 나를 행복하게
         만드는 것을 하려고 노력해요. 웃는 게 좋아요. 난 웃어야
         하는 사람이고요. 인생을 즐기려고 해요. 자연, 책, 음악,
         친구들. 나한테 행복이란 싫은 걸 견디지 않는 거예요.

올리비에   일이라는 면에서는 어떤가요?

아르헤리치 최근에 미친 사람처럼 연주를 했고 내가 좀 아무렇게나
         피아노를 친 게 아닌가 생각했어요. 일본에서 한 달도 안
         되는 기간 동안 열네 번 연주회에 섰고, 새로운 레퍼토리
         도 많았죠. 나는 앉아 있을 시간도, 연습다운 연습을 할
         시간도 없었어요. 의미가 빠져버린 것 같아요. 봉투가 속
         에 든 편지보다 중요해진 격이랄까.

올리비에   선생님 결심이 어떻든 견디셔야만 하는 운명 같은데요.

•   '루가노 아르헤리치 프로젝트'를 기획한 EMI사의 유르크 그란트를 가리킨다.

아르헤리치 　다른 사람들은 결국 나보다 잘 해내더라고요. 내가 느끼기엔 그래요. 다들 자기 커리어를 생각해요. 내 친구들은 자기가 보고 싶은 사람이 있으면 보고, 이런저런 일들을 잘 조율하면서 살 수 있어요. 나는 그게 안 돼요. 나는 휩쓸리기 쉬운 인간이라서……. (그녀는 차창 너머를 바라본다.) 브뤼셀의 11월은 참 서글퍼요. 죄다 회색이죠. 어렸을 때는 음악을 하지 않는 친구들도 많이 있었어요. 그 친구들이 나를 지켜줬지요.

올리비에 　요즘 선생님에게 기쁨을 주는 작곡가가 있나요?

아르헤리치 　베토벤이요. 어린 시절의 사랑을 되찾았죠. 베토벤 〈피아노 협주곡 1번〉을 순회공연하고 〈피아노 협주곡 3번〉을 클라우디오 아바도Claudio Abbado 지휘로 말러 체임버 오케스트라와 녹음할 거예요. 그다음에는 2005년 일본에서 프리드리히 굴다Friedrich Gulda를 기리는 연주회 무대에 〈피아노 협주곡 5번〉을 올릴 거고요.* 내가 오랫동안 연주하지 않았던 작품들이에요. 넬손 프레이레가 나하고 관련된 일에는 무섭도록 감이 좋은데 나보고 〈디아벨리 변주곡〉을 연습하라고 조언해줬어요. 심지어 자기 돈으로

• 　　실제로는 베토벤의 〈피아노 협주곡 1번〉을 연주했다.

악보까지 사줬는데 내가 잃어버렸지 뭐예요.

올리비에   은연중에 속마음이 드러난 실수였을까요?

아르헤리치   아뇨, 모르겠어요. 나는 내가 어릴 때 연습했던 베토벤 소나
타에 다시 매달리고 싶어요. 예를 들자면 작품번호 101번
〈피아노 소나타 28번〉이라든가.

우리는 함께, 독주자로서, 연주를 했고,
그건 축제였어요!

올리비에   최근에 집을 사셨죠, 넬슨 프레이레 바로 옆집으로.

아르헤리치   아주 작은 집이에요. 임시 숙소용 아파트죠. 나와 나이도
비슷하고 누구보다 나를 잘 아는 오랜 친구 옆에서 시간
을 보낼 수 있게 됐어요. 우리는 어릴 적에 둘이서 같은
작품을 연습하고 싶어 했는데, 얼마나 재미있었는지 몰
라요! 얼마 전부터 브뤼셀 집이 내 집 같지가 않아요. 언
제나 손님을 맞는 중인 것 같고 난 아무것도 안 하죠. 내
일에 대해서 말할 만한 또래 사람이 아무도 없어요. 같이
놀 사람, 나의 자신감을 되살려줄 수 있는 사람이 아무도
없어요.

올리비에   루가노에서, 벳푸에서 음악을 하는 다른 방식을 전수하기 시작하셨는데요. 그건 음악을 듣는 다른 방식이기도 했어요.

아르헤리치 다른 사람들이 나보다 앞서 품었던 생각들을 실현하려고 노력하고 있어요. 내 친구 니콜라스 에코노무Nicolas Economou가 이미 유명한 사람들과 아직 덜 알려진 사람들을 함께 세우는 연주회들을 기획했었지요. 그 친구는 청중이 뭘 들을지도 모르면서 믿고 찾아와주는 연주회를 좋아해요. 나한테는요, 관심이 가는 사람들과 도와주고 싶은 사람들이 있어요. 그 두 부류가 반드시 일치하진 않죠. 하지만 내가 지원하는 사람들은 정말로 지원을 받을 만한 자격이 있어요. 그런 연주회들은 어떤 정신 상태를 표현하죠. 내가 굴다, 넬손 프레이레, 라비노비치, 칙 코리아, 니콜라스 에코노무와 함께했던 시간들을 생각나게 하거든요. 우리는 함께, 독주자로서, 연주를 했고, 그건 축제였어요!

올리비에   이브리 기틀리스Ivry Gitlis가 설립한 생폴드방스 음악축제가 생각나네요.

아르헤리치 놀랍고도 자유가 넘치는 축제였어요……. 어느 날 저녁

엔 청중에게 무슨 곡을 듣고 싶은지 물어봤죠. 그렇게 '신청곡'을 연주하기도 했답니다. 나는 늘 그런 자연스러움에서 영감을 많이 얻었지요. 그게 음악을 누리는 가장 좋은 방법이라는 말이 아니라, 나한테 그런 게 잘 맞는다고요. 나는 '교회'나 '전곡全曲' 연주에 아무런 반감도 없어요…… 올해 루가노에서는 쇼팽의 피아노와 오케스트라를 위한 작품 전집을 여러 명의 피아니스트가 나눠서 연주하기도 했는걸요.

올리비에   내년에는 표트르 안데르제프스키Piotr Anderszewski를 초청하시지요? 좋아하는 피아니스트인가요?

아르헤리치   아주 좋아해요. 자연스러우면서도 세련됐어요. 마음에 들어요. 우리는 아마 모차르트나 라흐마니노프를 함께 연주할 거예요.•

굴다는 연주자가 자기 그림을 그리는 화가가 아니라
사진가가 되어야 한다고 했죠.

올리비에   브람스를 좋아하세요? 브람스를 치면 기운이 빠진다고

•   실제로는 2005년 루가노에서 그리그가 편곡한 모차르트 소나타 16번, 일명 '쉬운 소나타'를 함께 연주했다.

말씀하신 기사를 어디서 본 적이 있습니다만.

아르헤리치 연주할 때는 좋아해요. 그렇지만 내가 자연스럽게 끌리는 음악은 아니죠. 굴다와 브람스 〈피아노 협주곡 2번〉을 연습했었지만 무대에서 연주한 적은 없어요. 어쩌면 리비도의 문제일지도 몰라요. 브람스를 좋아하는 피아니스트들이 있어요. 이렌 뤼소Irene Russo, 엘렌 그리모Hélène Grimaud, 카린 레흐너Karin Lechner…… 나이 많은 남자들에게 끌리는 여자들이 그런지도 모르죠. 나는 그래본 적이 없어서. 한때는 브람스 〈피아노 소나타 2번〉을 쳤는데 그이유는 그 작품이 굉장히 슈만 같았기 때문이에요. 브람스의 첼로 소나타, 〈하이든 주제에 의한 변주곡〉, 〈오중주에서 가져온 두 대의 피아노를 위한 소나타〉, 광시곡들을 좋아해요. 좋아하는 작품이 실은 제법 많네요. 브람스좋아해요. 굴다가 브람스를 별로 좋아하지 않았죠.

올리비에 프리드리히 굴다 얘기를 자주 하시네요.

아르헤리치 아르헨티나에서 처음으로 굴다의 연주를 들었을 때 나는열 살이었어요. 완전히 홀렸죠. 그는 뭐든지 할 수 있었어요. 피아니스트로서 흠잡을 데 없이 완벽했고 언제나근본부터 돌아봤어요. 이를테면 고전파 소나타를 연주할 때 여성적 주제를 남성적 주제보다 더 느리게 친다거나 하지 않았죠. 같은 템포로. 평등하게! 그렇지 않은 피아니스트들이 많았거든요. 굴다가 나를 사로잡았던 이유는 그가 고전파 레퍼토리에서조차 대단히 현대적이었기 때문이에요.

올리비에 어떻게 제자가 된 거예요?

아르헤리치 굴다는 제자를 두지 않았어요. 신동 소리 듣는 아이들을 좋아하지도 않았고요. 우리 어머니에게도 대놓고 그렇게 말했죠. 굴다와 만났을 때, 나는 굉장히 수줍었어요. 나는 열두 살이었고 굴다하고는 열한 살 차이밖에 안 났죠. 굴다는 나를 금세 편하게 해줬어요. 나한테 피아노를 쳐보라고 하지 않고 자기가 베토벤을 연주하면서 스스로 확신이 없는 부분들을 나에게 알려줬어요. 그래서 나도 긴장이 풀렸어요. 나는 바흐와 슈베르트를 쳤어요. 굴다가 나의 슈베르트 연주가 아주 좋다고 했어요. 그러면서 만약 내가 빈으로 온다면 제자로 받겠다고 약속했어요. 운 좋게 부모님도 페론 대통령의 배려로 빈 주재 아르헨티나 대사관에 일자리를 얻을 수 있었죠. 굴다는 나한테 혹시 사랑하는 사람이 부에노스아이레스에 있지 않느냐고 물어봤어요. 나는 그런 사람 없다고 했고 굴다는 안심하는 눈치였어요. 우습죠.

올리비에   빈 수학 시절 이후에도 계속 보고 지내셨나요?

아르헤리치   다시 만났을 때는 내 나이가 어느덧 마흔이었죠. 굴다는
나에게 단단히 화가 나 있었고요. 그는 아마 나도 자기처
럼 즉흥연주를 하거나 재즈를 하길 바랐을 거예요. 그는
내가 아무 일이나 하고 있다고, 되는 대로 살고 있다고
생각했어요. 나는 굴다가 그렇게 엄정하면서도 자유롭기
그지없는 사람이라 좋았어요. 굴다는 연주자가 자기 그
림을 그리는 화가가 아니라 사진가가 되어야 한다고 했
죠. 그에게는 악보라는 텍스트가 우선이었어요. 그러니
까 즉흥연주를 할 때만 자기가 하고 싶은 걸 했던 거예
요. 굴다는 감당 안 되는 앙팡 테리블 같은 데가 있어서
또 참 좋았어요. 빈 음악 아카데미가 베토벤 반지를 주겠
다는데 끝내 거부한 것만 봐도 그래요. 그가 아주 근사한
연설을 했는데 그 연설의 골자는 베토벤과 아무 관계도
아닌 당신들이 무슨 권리로 베토벤 반지를 수여하느냐라
는 거였죠. 그는 타협을 모르는 사람이었어요.

올리비에   앙팡 테리블 같은 면이라면 선생님도 빠지지 않잖아요.

굴다에게 레슨을 받고 있는 아르헤리치(1956, © Gettyimages)

아르헤리치 하루는 스티븐 코바세비치Stephen Kovacevich가 내 안에 다섯 살짜리 여자아이와 열네 살짜리 남자아이가 다 있다고 그랬죠. 굴다는 내가 아마도 양성구유兩性具有일 거라 생각했고요.

올리비에 일전에 호로비츠가 선생님이 취입한 음반을 라디오에서 듣고서 연주자가 여성이라는 사실에 놀라워했다고 저에게 말씀하셨죠.

아르헤리치 남자처럼 연주한다는 말을 듣고 좋았던 적은 한 번도 없어요. 기돈 크레머Gidon Kremer는 남자처럼 피아노를 치는 여성 연주자와의 협연이 두렵지 않느냐는 기자의 질문에 이렇게 대답했죠. "두렵긴요, 나는 여성의 마음을 가졌는데요." 멋지지 않나요? 넬슨 프레이레와 나는 연주만 듣고 연주자가 남자일까 여자일까 알아맞히기를 좋아하죠. 평생을 통틀어 가장 좋아했던 여성 피아니스트는 아니 피셔Annie Fischer예요. 피아니스트 외에는 재클린 듀프레이Jacqueline du Pré와 마리아 칼라스에게 깊은 감명을 받았고요.

올리비에 선생님은 한때 마우리치오 폴리니Maurizio Pollini와 자주 비교되곤 했죠. 약간 피아노계의 테발디와 칼라스 느낌? 신경 쓰이지 않으셨나요?

아르헤리치   항상 그런 식인데요, 뭐……. 나를 내가 높이 사는 예술가
와 같은 수준으로 봐주니 기분 좋았어요. 제네바 콩쿠르
에서 만났을 때 폴리니는 열다섯 살, 나는 열여섯 살이었
죠. 그는 베토벤의 '열정' 소나타와 스트라빈스키의 〈페트
루슈카〉를 쳤어요. 우리는 만나면 늘 좋았어요. 둘 다 일
본에서 가장 사랑받는 피아니스트이기도 했고요.

올리비에   엄격하고 정확한 피아니스트들에게 약하신가 봐요.

아르헤리치   어릴 때는 고전파 레퍼토리 연주자들에게 특히 매력을
느꼈어요. 라흐마니노프보다는 베토벤 쪽. 발터 기제킹
Walter Gieseking, 굴다, 빌헬름 바크하우스를 좋아했고……
호로비츠도 어떤 의미에서는 고전파죠. 엄정함은 필수죠.
엄정함 없는 자유는 흥미롭지가 않아요.

올리비에   인생의 전환점에 와 있다는 생각이 드세요? 중심을 다시
잡아야겠다든가, 적어도 산만하게는 살지 말아야겠다든
가 하는 필요성을 느끼시는지요?

아르헤리치   그런 것 같기도 해요. 깊이 파는 것 없이 소용돌이 속에
서 살아가는 기분이랄까. 미켈란젤리를 사사하러 이탈리
아에 갔을 때도 그런 이유에서였어요. 폭을 넓히고 좀 더

올라가고 싶었죠. 그 선택이 확고한 경험이 되지는 못했어요. 그다음부터는 계속 연주를 했죠. 딸들을 낳고 키울 때, 큰 병을 앓았을 때 말고는 쉬어본 적이 없어요……. 내 인생은 손가락 사이로 흘러갔어요. 어쩌면 대응을 해야 할 때가 왔는지도 몰라요.

올리비에　프랑수아-르네 뒤샤블이 선생님에 대해서 한 말을 어떻게 생각하세요?

아르헤리치　내가 단지 네 개의 협주곡으로 신화가 되었다는 말이요? 뭐, 네 개보다 훨씬 많이 연주하긴 했지만 칭찬으로 받아들였어요. 그 사람이 커리어를 마감할 필요를 느꼈다든가, 음악계의 아이콘들을 공격하고 싶었던 건 이해해요. 시골 마을에 가서 연주를 한다는 아이디어도 아주 좋아요. 내가 이 얘기를 미하일 플레트네프에게 했더니 그러더군요. "정말 좋지. 하지만 시골 마을에서 베토벤 소나타라니, 관심이 없을걸!" 사람마다 벽을 타는 법은 다르죠!

올리비에　선생님에게 모토가 있다면요?

아르헤리치　전설적인 발레리노 누레예프에게 어떻게 하면 멋지게 도약을 할 수 있느냐고 물었더니 이렇게 대답했다지요. "간

단해요, 공중에 좀 더 오래 머물면 됩니다."

인터뷰 기사는 〈르 몽드 드 라 뮈지크〉에 「마르타 아르헤리치: 나의
진실」이라는 구미 돋우는 제목으로 실렸다. 우리는 그 인터뷰에서
거리낌 없이, 다 털어놓았다. 생략의 기술은 저널리즘의 규준에 들어
가지 않는다.

우리의 디바 사진이 보름 동안 신문, 잡지 가판대를 장식한 덕분에
마르타도 파리 거리에서 사람들이 자기 얼굴을 빤히 바라본다는 것
을 알아차렸다.

잡지가 나오기 전에 미리 기사를 보내주지 않았지만 틀림없이 그녀
도 기분 좋게 읽을 거라 생각했다. 나는 공항에 그녀를 마중 나갔고
에이전트의 차에서 그녀와 함께 대기했다. 에이전트는 마르타의 심
부름으로 약국에 뭘 좀 사러 간 참이었다. 그녀가 내 손을 잡더니 정
답게 자기 뺨에 가져갔다. 생각도 못 했는데 스치듯 지나간 그 순간.
지금도 나는 내가 꿈을 꾼 게 아닌가 싶다.

제네바에서의 인터뷰
- 2008년

뷔셰샤스텔 출판사에서 나올 마르타 아르헤리치 전기 집필을 마무리하려니 심화 인터뷰가 필요했다. 나는 다양한 주제를 마르타와 함께 건드려봐야 했다.

이전의 인터뷰는 기나긴 진통 끝의 난산과도 같았고 나는 능지처참의 모든 시도를 따돌려야만 했다. 웬만한 마조히즘, 무분별, 건망증 없이는 이 저열한 세상에서 아름다움은 결코 실현될 수 없다고 믿어야 한다.

나는 마르타와 밀라노까지 동행했고 그다음에는 나폴리까지 갔다. 두 번의 리허설 사이에 잠시 시간을 내보겠다는 애매한 약속을 받아놓은 터였다. 그때 마르타가 무슨 협주곡을 연주했는지도 기억 안 난다. 라벨이었나, 슈만이었나. 연주회는 기가 막혔고, 만찬은 분위기도 좋고 맛도 좋았으나 여러분이 아는 '그것'의 물꼬를 틀 가능성은 영 보이지 않았다. 내가 돌파를 해보려고 할 때마다 노르망디 상륙전의 그날을 방불케 할 정도로 미사일들이 날아왔다. 어디 그뿐인가,

수하물 위탁도 안 되는 비행기표, 막판에 급히 잡은 호텔 비용으로 출혈이 이만저만 아니었다.

물론 봄날의 나폴리는 솔제니친 시대의 시베리아가 아니었다. 그렇다고 관광이나 윈도쇼핑을 즐길 계제도 아니었다. 나의 피아니스트께서 느닷없이 나의 고통을 끝내주기로 마음먹었는데 내가 카프리섬에서 카사 말라파르테나 구경하고 있으면 안 되지 않나! 그럴 순 없지!

닷새째 되는 날, 마르타가 파리에 들르지 않고 곧장 제네바로 간다는 말을 들었다. 겨우 그녀와 같은 비행기에 자리를 잡았다. 제네바에서도 때는 오지 않았다. 나는 빙빙 돌면서 으르렁대는 방해꾼이었다. 그녀가 제네바 시내에 사는 딸 스테파니를 만나러 갈 때 나를 거북해하는 느낌이 들었다. 레이더를 완전히 드러내지는 않되 직감으로 나를 멀리하는 그런 느낌.

밤 10시, 마르타가 호수 근처의 어느 집에서 넬슨 괴르너의 피아노로 연습을 하고 있으니 와보라고 했다. 당장 택시를 잡아탔는데 운전사가 그 집을 찾을 때까지 몇 번이나 이상한 길로 빠져서 천문학적인 요금이 나왔다. 도착한 시각은 밤 11시였다. 마르타는 녹초가 되어 있었다. 나는 그녀의 푸념을 귀담아 들어주었다. "인터뷰가 무슨 소용이 있어요! 딱히 말할 만한 것도 없는데! 피곤해요! 지쳤다고요!" 나는 그녀에게 개의치 않는 척을 했나, 불쌍한 척을 했나 그랬다. 정말이지, 그녀는 솔직히 그럴 만했다. 마르타는 나에게 아무것도 요구하지 않았다. 연습은 해야 하고, 큰딸 친구라는 러시아인 피아니스트가 그녀의 피아노를 차지하고 있어서 자기 집에서 연습을 할 수도 없었다. 피곤해 죽을 지경인데 컨디션도 나쁜 날 나에게 시간을 내어줄 마음이 들겠나. 그런데 나는 그녀의 짐을 덜어주기는커녕 그녀의 선의를 이용하는 무리에 합류해서 배 째라는 식으로 도움을 청하고 있었다. 이모저모 생각해보니, 나 역시 같은 심정이 되었다. 인터뷰를 뭐 하러 해! 카사 말라파르테에 남아서 관광이나 할걸, 브리지트 바르도를 상상하면서 길고양이들이나 쓰다듬어줄걸, 왜 이 바보 같은 인터뷰, 남의 시간이나 잡아먹는 책을 쓰겠다고 이러고 있나. 그나마 나의 일부분이 경계심을 늦추지 않고 나 자신을 다잡고 있어서 다행이었다.

새벽 2시, 마침내 녹음기를 켤 수 있게 되었다. 그녀의 기분이 괜찮아졌다! 모든 행성이 일렬로 늘어섰고 나의 태양은 달을 만날 수 있게—아니면, 달이 태양을 알현하게—되었다.

올리비에   **커리어에 대해서 어떻게 생각하세요?**

아르헤리치   **참 희한해요. 시간과의 싸움 같아요. 나는 그 싸움을 지휘한 적 없어요. 하지만 연주 무대에 서지 못해 절망하는 사람들도 있다 생각하면 몹시 죄책감이 들어요.**

올리비에   **피아노의 등장과 함께 선생님 인생이 망가졌다는 말처럼 들려요.**

아르헤리치   아버지는 내 사진을 찍어주시고 사진 뒷면에 이런저런
말을 써주시곤 했지요. 내가 피아노를 배우고 나서부터
인상 찌푸린 사나운 표정이 됐다는 말도 써주셨죠. 하지
만 그런 표정이 피아노에 대한 반응이었는지, 나의 까다
로운 성질이 드러난 건지는 잘 모르겠어요. 다른 애들은
나를 흘끔흘끔 곁눈질했어요. 베토벤처럼 곱슬곱슬한 짧
은 머리였는데 그것 때문에 애들이 놀렸어요.

올리비에   대중은 선생님의 연주를 좋아하지만 인간으로서도 좋아
해요.

아르헤리치   모르겠어요. 요즘 나는 시간이 없기 때문에 여러 가지로
문제가 많아요. 나를 위해 뭔가를 배우고 싶어도 그럴 수
가 없죠. 하지만 다들 그렇게 사는 것 같아요. 우리는 우
리 방식대로 뭘 할 시간이 없어요. 그리고요, 불평은 그만
할 거예요. 그걸로는 아무것도 해결되지 않으니까.

연주를 할 때는 어떤 힘이
내 의지와 무관하게 나를 사로잡아요.

올리비에   뒤를 돌아보면 뭔가를 이루어왔다는 느낌이 드시나요?

아르헤리치 아뇨, 그런 건 없어요. 지금 당장 말고는, 내가 아니라 딴 사람이 한 일 같아요. 아니, 내가 한 일이라는 건 아는데 마음 깊이 느껴지진 않는다고요. 반면에, 후회는 좀 있어요. 이를테면 즉흥연주를 배우지 않은 것. 너무 늦었어요! 가브리엘라 몬테로Gabriela Montero는 다섯 살에 시작했단 말이에요.

올리비에 그렇지만 대중은 선생님을 자유로운 사람으로 생각해요.

아르헤리치 때로는 그렇죠. 행복한 날들이 있어요. 놀랄 일, 심지어 선물 같은 놀라움이 찾아올 때. 알아요, 사람들이 내 연주에 대해서 그렇게 말해주거든요. 자유로운 느낌이다, 즉흥연주 같다. 내가 내 연주를 들을 때는 그런 인상이 아니에요. 오히려 좀 딱딱하고 각진 느낌?

올리비에 그리고 선생님은 고전 양식 쪽에 끌리시죠?

아르헤리치 상승궁이 처녀자리라서 그런가 봐요. (웃음) 그렇지 않다면 나 자신에 대한 요구와 관련된 문제들을 끌어안고 살진 않겠죠. 연주를 할 때는 어떤 힘이 내 의지와 무관하게 나를 사로잡아요. 내가 뭔가를 '하고 싶어' 해서가 아니에요. 네, 그런 게 아니에요. 내가 어찌할 수 없는 현상이죠. 엄격하게 준비를 해도 나로서는 어쩔 수 없는……
아니, 물론 준비를 할 수 있을 때 말이지만요.

올리비에   지휘자 에마뉘엘 크리빈Emmanuel Krivine이 선생님에 대해
서 "그녀는 아무것도 모르면서 모든 것을 알지요"라고 했
습니다.

아르헤리치   (웃음) 네, 맞아요. 아마 맞을 거예요. 하지만 나는 저돌적
인 사람이 아니에요. 지금까진 그랬어요. 완전히 혼란스
럽기만 한 건 아니에요. 그리고 제대로 표현해야 할 악보
가 있잖아요. 연주자가 중요한 게 아니에요.

올리비에   다니엘 바렌보임이 '음악은 해석보다 구현을 더 필요로
한다'고 했지요. 선생님도 동의하십니까?

아르헤리치   네, 물론이에요.

올리비에   그러니까 사람됨은 자기 의지와 무관하게 나온다?

아르헤리치   그렇다고 생각해요. 하지만 어떻게 바라보느냐, 어떻게
구현하길 원하느냐, 그렇게 하기 위한 역량과 그걸 어떻
게 쓰느냐의 문제이기도 하죠. 취향이나 심미적 교양도

개입하게 마련이고요. 십계명처럼 빼도 박도 못하게 새겨진 게 아니에요!

아르헨티나에서는 스카라무차의 영향으로 테크닉에 미친 듯이 집착해요. 나도 그분에게 배웠죠. 레오나르도 다빈치식으로 인체 해부도를 그려가면서 제자들에게 주법을 설명하는 분이었어요. 나의 또 다른 스승 굴다는 전혀 그런 유형이 아니었죠. 그렇지만 아르헨티나 사람들도 굴다를 좋아했어요. 하루는 공개 강의에서 굴다가 어느 학생에게 물어봤어요. "넌 네가 연주하는 방식이 좋아? 마음에 들어?" 학생이 그렇다고 했더니 굴다가 "그러면 네 테크닉은 아주 괜찮은 거야"라고 했어요.

테크닉은 굉장히 넓은 의미로 쓰이는 말이에요.
음표를 웬만큼 빠르게 치는 게 다가 아니에요.

올리비에 　스카라무차는 선생님이 피아노를 치기 위한 손을 가졌다고 했어요.

아르헤리치 　아, 그래요?

올리비에 　브루노 겔버Bruno Gelber에게 그렇게 말했었대요. 겔버에게 들었습니다.

나는 모르는 일이에요. 어쩌면 겔버를 약 올리려고 그렇게 말했을 수도 있어요. 스카라무차는 나한테도 그런 식으로 자극을 주기 좋아했어요. "브루노가 너보다 20킬로미터는 앞서 있다." 그게 스카라무차의 장난이었어요. 이런 말도 했어요. "제자가 연주를 잘하면 그 애가 잘해서 그렇다고 생각하지. 그런데 그 애가 연주를 못 하면 스승이 못나서 그렇다고 생각해."

스카라무차에게 배우면서 가장 기가 죽는 부분은 스승의 견해가 그날그날 달라진다는 거예요. 겐리흐 네이가우스 Heinrich Neuhaus도 그런 식으로 지도한다는 말을 들은 적 있어요. 스카라무차는 제자가 이전 수업에서 요구한 그대로 연주를 하면 "머저리cretino"라고 했어요. 제자에게 다양한 가능성이 폭넓게 존재한다는 것을 깨닫게 하기 위해서였을지도 몰라요. 어쩌면 그런 게 훌륭한 스승이겠죠. 그리고 스카라무차도 계속 찾고 있는 중이었으니까요.

하지만 너무 오래전 일이에요. 나는 다섯 살 반에서 열한 살까지 스카라무차에게 배웠어요. 그분은 나를 어른 대하듯 했어요. 성격이 괴팍한 스승님이셨죠. 그분께 배울 수 있어서 운이 좋았다고 생각해요. 진짜요. 단, 미학적인 취향은 나하고 맞지 않았어요. 스카라무차는 벨칸토, 낭만파 양식을 특히 좋아했거든요. 난 전혀 아니에요. 나는 폴리포니가 좋았어요. 뭔가 감상적이다 싶으면 영 불편하더라고요. 내가 가장 좋아했던 피아니스트는 바크하우스와 굴다예요. '파란 꽃'* 쪽은 내 취향 아니에요.

올리비에   선생님의 바흐는 글렌 굴드 같은 연주자의 바흐와 굉장히 거리가 먼데요.

아르헤리치   비교는 불가능해요. 굴다를 두 번째로 만났을 때 내가 바흐의 〈이탈리아 협주곡〉을 쳤더니 그러더군요. "아르헤리치, 우리는 같은 족속이로구나." 나는 굴다와 함께 연습하기 전부터 굴다의 스타일로 피아노를 치고 있었는지도 몰라요. 그 시절, 수첩에 이렇게 적어놓았죠. "바흐는 음악의 아버지. 베토벤은 음악의 신." 나는 어렸을 때 파가니니를 좋아했어요. 부모님이 〈바이올린 협주곡 1번〉 음반을 가지고 계셨죠. 그 음반을 들으면 굉장히 신이 났어요.

올리비에   연주회도 자주 가고 그랬나요?

아르헤리치   여섯 살 때부터 어머니를 따라 테아트로 콜론에 갔어요. 아르헨티나에서 연주회 문화는 뒤늦게 생겼죠. 나는, 대체로 연주회가 끝나기도 전에 잠들곤 했어요. 클라우디오

•   fleur bleue, 감상주의 혹은 낭만주의를 상징하는 관용적 표현.—옮긴이 주

아라우가 연주한 베토벤 〈피아노 협주곡 4번〉을 들었을 때는 빼고요. 그때는 감명 깊다 못해 충격적이었어요…… 느린 악장의 트릴…….

올리비에　선생님은 그 작품 연주하신 적 없죠.

아르헤리치　네. 너무 신성해서 건드릴 수 없는 것 같다고 할까.

올리비에　협주곡 4번이 기술적으로 어려운가요?

아르헤리치　테크닉 문제는 아니에요. 그리고 테크닉은 그 자체로 따로 떼어서 볼 수 없어요. 신체적 작동, 연습, 재빠른 타건, 그런 문제가 아니죠. 음색도 테크닉이고, 화음을 어떻게 구성하느냐, 그래서 서로 다른 성부가 어떻게 들리느냐…… 그런 것도 다 테크닉이에요. 테크닉은 굉장히 넓은 의미로 쓰이는 말이에요. 음표를 웬만큼 빠르게 치는 게 다가 아니에요. 전체적인 거죠.

올리비에　좋아하기 때문에 건드리지 않는 거예요?

아르헤리치　그럴 수도. (웃음) 특히 미신 때문에 그럴 수 있어요. 뭔가 끔찍한 일이 일어나지 않을까 겁이 나서요. 처음에는 오직 나를 위해 연주를 해봐야 해요. 그런 식으로 살짝 건드려보는 거예요, 어쩌다 한 번씩……. 배제하지는 않는 거죠.

내가 이미 알고 있던 작품에서도
새로운 것들을 발견하곤 해요.
항상 배운답니다.

올리비에   연습은 어떻게 하세요?

아르헤리치   들어본 작품인지 아닌지에 따라 달라요. 내가 치고 싶은 작품인지 연주 요청을 받은 작품인지에 따라서도 다르고요. 작품을 해석하고, 익히려고 노력해요. 조금씩 그 안으로 들어가기 시작하고, 그러면서 차차 이해하고 발견하죠. 내가 이미 알고 있던 작품에서도 새로운 것들을 발견하곤 해요. 항상 배운답니다.

올리비에   거리를 걸으면서 악절을 흥얼거리기도 하고 그러세요?

아르헤리치   거리에서도, 침대에서도, 욕실에서도 그러죠, 그럼요. 요즘은 피아졸라의 탱고가 머리에서 떠나질 않아요. 왜인지 모르겠어요.

올리비에   연주를 하는 동안 무슨 생각을 하세요?

아르헤리치   모르겠어요. 말을 하는 동안은 무슨 생각을 하나요? 집중이 덜 됐을 때는 두세 마디 정도 자동조종 모드로 흘러가기도 해요. 하지만 대체로 완전히 작품에 빠져 있죠.

올리비에   베토벤 〈피아노 협주곡 1번〉은 이미 오래전에 무대에서 연주하셨죠.

아르헤리치   일곱 살이었나, 여덟 살이었나 그랬을걸요.

올리비에   슈만의 피아노 협주곡은요?

아르헤리치   맨 처음 연주했을 때는 열한 살이었어요. 그 후로는 청중 앞에서 연주한 적 없고요. 부모님은 나를 돈벌이 삼아 연주 무대에 세우지 않으셨어요.

올리비에   그런데도 매번 연주할 때마다…….

아르헤리치   다른 것을 발견해요. 네, 정말 그래요. 음악이란 아무리 퍼내도 마르지 않아요. 루틴에 빠질 수도 있어요. 자기 모방을 추구할 수도 있고요. 자기 모방은 유혹적이죠. 특히 일전의 연주가 훌륭했다는 생각이 들면 그때처럼 하고 싶게 마련이에요. 하지만 매일 다시 시작되는 하루도 그날그날이 다르잖아요! 나는 그렇다고 생각해요. 그렇지 않다면 뭐 하러 살아요! 무슨 의미가 있어요?

음악을 듣는 사람들에게도 그렇다고 생각해요. 일본에는 내가 연주회를 할 때마다 어김없이 와주시는 분이 있어요. 같은 작품으로 여러 번 무대에 오르는데도 매번 오세요. 순회 연주를 하면 그분도 나를 따라 이 도시 저 도시를 돌아요. 한번은 내가 왜 그렇게까지 하시는지 물어봤어요. 그분은 나에게 "매번 다 다르니까요!"라고 했죠. 이제 연주회장에서 그분을 보면 단번에 알아본답니다.

올리비에   인터넷에서 연주회 영상을 보기도 하세요?

아르헤리치   가끔요. 나한테는 아주 새로운 일이에요. 컴퓨터를 들인 지 석 달밖에 안 됐거든요. 댓글 읽는 게 참 재미있어요. 말로 치고받고 싸우는 사람들도 있고, 재치 있다 못해 얼얼한 응답도 있고.

올리비에   선생님의 연주는 계속 변화해왔나요?

아르헤리치   모르겠어요. 그런 말을 듣긴 해요. 특히 음악적으로 아주

강력한 친밀감을 공유하는 사람들, 넬슨 프레이레 같은
사람들이 그런 말을 해요. 그런 친구가 있어서 함께 연주
를 한다는 건 근사하다 못해 경이로운 일이죠. 진짜 서로
를 아는 사이. 두 대의 피아노에서 우리는 우리인 동시에
또 다른 한 사람이죠. 서로를 느끼고 서로의 소리를 들어
요. 서로 보완도 하고. 그런 게 실내악에서는 특히 재미가
있어요. 한 사람이 좀 약해지면 다른 사람이 받쳐주고. 어
떨 때는 반대로, 누군가가 막 나가면 다른 사람까지 전염
이 되어 막 나가죠. 정말 재미있어요. 그런 게 진정한 교
류, 일종의 대화…… 아니, 대화 이상이죠.

올리비에　　연주회에서는…….

아르헤리치　중요한 건 음악이에요. 그렇지 않다면 피상적이죠. 음악
앞에서 연주자는 존재하지 않습니다. 진짜다움을 웬만큼
보존하는 것이 중요해요. 우리 시대에는 상당히 어려운
일이죠. 자기를 마주하고, 음악을 마주하면서.

올리비에　　커리어를 예전보다 지금 더 잘 이끌어나가고 있다고 생
각하세요?

아르헤리치　커리어! 나는 이끌어본 적 없는데요. 내 인생도 내가 끌

함께 피아노 연습을 하고 있는 아르헤리치와 넬손 프레이레(2004)

고 온 게 아니에요. 중요한 일들은 내가 원했다는 이유로 일어난 게 아니에요. 이를테면 애를 낳는 일이라든가. 나는 어떤 계획도 세우지 않았어요. 아무것도, 계획한 적이라곤 없죠.

어릴 때는 좀 더 틀이 잡혀 있었죠. 열여섯 살 때까지는 그랬어요. 난 내가 제네바 콩쿠르에 나가고 싶어 한다는 걸 알고 있었어요. 프리드리히 굴다가 그 콩쿠르 우승자였으니까요. 딱 거기까지예요. 여성으로서의 내 이미지, 피아니스트로서의 내 이미지는 없었어요. 전혀요. 나는 삶을 부딪치면서 발견하고 싶었어요.

내 방식은 원래 늘 그래요. 그래서 과거의 업적으로 찬사를 듣거나 상을 받는 건 별로예요. 내가 지금까지 걸어온 길이 어떠어떠하다는 얘기도 별로고. 그건 다 지난 일이고 난 삶의 의미가 발견에 있다고 생각하기 때문이에요…… 더는…… 삶이 남지 않은 그 순간까지, 항상.

올리비에 　선생님은 연습을 안 한다는 말이 가끔 들리던데요.

아르헤리치 　아, 그래요? 지금도 연습은 해야겠고 피아노는 없어서 이렇게 애가 타는데요. 피아노를 치지 않아야 할 때는 연습을 하지 않죠. 오랫동안 피아노를 치지 않고 지낼 수도 있어요. 하지만 내가 연습을 할 때는 제대로 하거든요. 상황에 따라 많이 다르긴 해요. 하지만 연습을 하지 않고 무대에 오르는 건 있을 수 없어요. 지금은 도저히 안 돼요. 어릴 때는 연주가 있다는 것도 까맣게 잊고 지내다가 막판에 생각이 나서 눈앞이 캄캄해지곤 했죠. 신경계가 감당하기 어려운 충격이거든요.

그 작곡가들 모두가 우리에게
값으로 매길 수 없는 선물을 주었지요, 전부요.

올리비에 작곡가 중에서는 슈만이 선생님 마음속에 한 자리를 차지합니다만.

아르헤리치 슈만은 인간으로서 마음에 들 뿐 아니라 음악이 매우 직접적으로 내 영혼에 와닿아요. 자연스럽게 흘러나오는, 아주 특별한 순수함이 있는 음악이에요. 물론 광기도 있고요, 장면과 기분이 빠르게 자주 바뀐다는 특성도 있어요.

올리비에 슈만도 선생님과 같은 쌍둥이자리죠. 두 분이 같은 리듬을 공유하는 사이인가요? 선생님이 가장 좋아하는 슈만의 작품으로는 어떤 것들이 있습니까?

아르헤리치 첼로 협주곡을 사랑해요. 〈크라이슬레리아나〉, 〈어린이 정경〉, 〈다비드 동맹 무곡집〉, 그 외에도 좋아하는 작품이 많아요. 〈시인의 사랑〉도 정말 좋아해요.

올리비에   〈환상 소곡집〉도 있죠…….

아르헤리치   여러 가지가 있지 않나요?

올리비에   피아노를 위한 소곡집 말입니다.

아르헤리치   아, 그렇죠. 〈어째서〉, 그리고 〈밤에〉를 좋아해요.

올리비에   슈만을 연주하려면 무엇이 필요한가요?

아르헤리치   연주자가 어떤 사람이냐에 따라 달라요. 정해진 비결 같은 건 없어요. 슈만이 굉장히 인기가 있는 편은 아니잖아요? 어떤 곡들은 말도 안 되게 빨리 만들어졌기 때문에 슈만의 독창적인 면이 그의 의도가 아닌데도 튀어나오는 감이 있어요. 그가 작곡을 할 때는 아마 몰랐을 거예요. 슈만의 교향곡은 베토벤의 교향곡 같은 게 아니죠. 완전히 별개예요.

올리비에   이브 나트Yves Nat가 베토벤은 신이지만 슈만은 친구라고 했죠.

아르헤리치　그렇게 느낄 수 있어요. 슈만은 상상력으로 여러 지평을 열어요. 그에게는 자기만의 언어, 결코 다른 사람과 헷갈릴 리 없는 그만의 고유한 언어가 있어요. 영혼의 친구, 그래요, 그 수준에서의 친구라면 동의해요. 베토벤이 우리에게 남겨준 것은 사실 같지 않은 것, 꿈 같은 것이죠. 나는 베토벤이 좋아요. 영성, 생명력, 지성, 모든 것이 다 있는 음악이죠. 베토벤의 사랑은 차원이 다른, 훨씬 더 보편적인 사랑이에요.

하지만 그 작곡가들 모두가 우리에게 값으로 매길 수 없는 선물을 주었지요, 전부요. 정말 감동적이지요.

올리비에　바흐가 했다는 말을 아시는지…….

아르헤리치　"여러분도 나만큼 노력하면 나만큼 하실 수 있을 겁니다" 라는 말이었나요? 대충 그런 말일 텐데. 그래요…… 첼로 모음곡은 교육적인 목적으로 만든 작품이지요. 〈푸가의 기법〉은 학술적 의미의 작품이었고……. 그 시대에는 스타 시스템이나 성적 매력 따위는 상관없었어요. 지금과는 완전히 달라요.

우리 현대인의 감성으로는 이해하기가 녹록지 않은 세계

예요. 우리가 여전히 감정을 느끼는 인간이라는 점은 그대로지만 그게 거의 유일한 공통점이에요. 그들에게는 기술도, 거기에서 비롯되는 오락거리도 없었기 때문에 그들 자신의 역량, 그들 자신의 영성을 계발할 수 있었어요. 그들은 훨씬 여지가 많았어요. 지금의 우리는 여지가 별로 없죠.

나는 전환점에 있어요.
앞으로 어떻게 될지는 모르겠지만 그런 느낌이 들어요.

올리비에   이브리 기틀리스는 선생님이 자기가 아이콘임을 잘 아는 동시에 의식하지 않는다고 했어요. 선생님 스스로 평범하게 지내려고 노력하시는지도 궁금하네요.

아르헤리치   첼리비다케가 이런 말을 한 적이 있죠. "자기가 느끼는 혼란의 노예가 되지 마요." (웃음) 나는 일을 하는 다른 방식을 찾아야 해요. 나는 전환점에 있어요. 앞으로 어떻게 될지는 모르겠지만 그런 느낌이 들어요.

올리비에   이제 어쩌다 한 번씩 독주 무대에도 설 여유가 있을 것 같은데요. 완전히 체계적으로 하는 것 말고요.

아르헤리치 　체계적인 쪽으로는 취미가 없고……. 그런데 시간이 없어요! 하고 싶은 마음이 없는 게 아니에요.

올리비에 　아, 그런가요?

아르헤리치 　그래요. 정말이지, 나라고 늘 일, 일, 일만 하고 살 수는 없잖아요……. 요즘 내가 사는 게 약간 그렇거든요. 나를 위한 시간이라고는 없어요.

올리비에 　만약에 다시 독주자로 무대에 서신다면 어떤 작품을 연주하실 건가요.

아르헤리치 　음, 말하고 싶지 않은데……. 예를 든다면, 야나체크의 〈바이올린과 피아노를 위한 소나타〉라든가…… 아주 좋아하거든요.

올리비에 　이사크 알베니스Isaac Albéniz는요?

아르헤리치 　아, 연주해본 적은 없어요. 하지만 좋아해요.

올리비에 　무대에서 연주해야 하는 작품만 연습하시나요?

아르헤리치   시간이 좀 있을 때는 내가 치고 싶은 곡을 쳐요. 하지만 그게 뭔지는 말해주지 않을 거예요. 내가 말해주면 당장 "그 작품을 언제 연주하실 건가요?"라고 물어볼 거잖아요. (웃음) 샤를 뒤투아Charles Dutoit가 지휘하는 UBS 오케스트라*와 순회공연을 할 때 프로코피예프의 〈피아노 협주곡 3번〉을 연주했어요. 나한테 그렇게 어려운 작품은 아니지만 이따금 피아노를 찾아서 연습을 하곤 했어요.

올리비에   모차르트는요? 모차르트는 위협적인가요?

아르헤리치   네. 모차르트는 하나의 언어예요. 하지만 언어는 일단 쓰면서, 실전 연습으로 익히는 거죠. 굴다와 피아노 연습을 할 때는 모차르트가 어렵지 않았어요. 어려움은 나중에 왔죠. 여행 중에 다니엘 바렌보임의 아버지를 위해 모차르트의 소나타 한 곡을 연주한 적이 있어요. 그분이 그러시더군요. "아주 잘했다. 왜 그렇게 고민을 하니? 고민을 하니까 망치는 거야." 굴다도 나에게 똑같은 말을 했었죠.

올리비에   일종의 콤플렉스겠죠.

---

*   베르비에 페스티벌 청소년 오케스트라.

아르헤리치　　그럴지도 몰라요. 과해지면 안 된다, 이건 하면 안 된다. 결국은 균형, 조화의 문제죠.

올리비에　　슈나벨이 이런 말을 했죠. 모차르트가 아이들에게는 너무 쉬운데 어른들에게는 너무 어렵다…….

아르헤리치　　멋진 말이네요. 자, 그럼 뭘 해야 하나?

올리비에　　음악을 좀 들으면 어떨까요?
（쇼팽 〈연습곡 Op. 10 No. 3〉, 알프레드 코르토 연주）

아르헤리치　　어릴 적 아르헨티나에서 알프레드 코르토Alfred Cortot의 연주를 봤어요. 쇼팽의 〈24개의 전주곡〉과 〈24개의 연습곡〉. 상상이 가요? 그날 아르헨티나 민중의 사랑을 한몸에 받던 영부인 에바 페론이 죽었어요. 누가 막간에 무대에 올라와서 청중에게 그 소식을 알렸지요. 연주회는 인상적이었지만 미치도록 좋거나 하지는 않았어요. 나중에야 음반을 통해서 코르토의 상상력, 루바토, 음색을 제대로 발견했지요. 완전히 훌륭해요.
이제 나에게 무슨 음악을 들려줄 건가요? 호로비츠, 예상해봅니다.

올리비에   정확합니다.

(쇼팽 〈마주르카 E단조 Op. 41〉, 블라디미르 호로비츠 연주)

아르헤리치   호로비츠는 피아노가 만났던 연인들 가운데 최고죠. 숭고한 면도 있고 살짝 못된 면도 있고. 하지만 나는 호로비츠에 대해 아무 말도 할 수 없어요. 인상이 너무 강해요. 비교가 불가능하죠. 기제킹도 그래요.

올리비에   대령했습니다.

(드뷔시 〈델포이의 무희들〉, 발터 기제킹 연주)

아르헤리치   어렸을 때 어머니가 기제킹 앞에서 피아노를 치라고 다그쳤어요. 그런데 기제킹이 "이 아이가 알아서 하게 내버려 두세요!"라고 말해줘서 무척 고마웠지요. 기제킹은 프랑스 음악 외에도 모차르트를 잘 쳤어요. 바흐도요. 아르헨티나에 있을 때 그가 연주하는 그리그의 〈피아노 협주곡 1번〉도 들어봤어요. 그가 무대에 나타났을 때는 나치 협력 전적을 야유하는 휘파람 소리가 들렸지만 연주가 끝나자 박수갈채가 쏟아졌죠. 사람과 예술가를 구별해 바라보았던 거예요.

올리비에   코르토도 제2차 세계대전이 끝난 후 비슷한 문제를 겪었지요.

아르헤리치   네, 코르토가 비시 정부 당시의 행적에 대한 혐의를 벗은
후의 일인데요. 라디오프랑스 오케스트라와 슈만의 피아
노 협주곡을 연주하기로 되어 있었고 리허설도 정상적으
로 진행됐어요. 그런데 연주회 당일에 오케스트라 단원
들이 연주 거부를 한 거예요. 그래서 코르토는 혼자서 그
협주곡을 쳤어요. '연주자 전원'을 곁에 두고요. 그래도
너무 이상하죠, 꿈쩍도 안 하는 오케스트라를 두고 연주
를 하다니.

피아노가 나를 사랑하지 않으면
나도 피아노를 건드리지 않아요.

올리비에   상송 프랑수아Samson François는 친구를 만나듯 늘 피아노
를 쳐야 하지만 매일 친구를 만나고 싶지는 않은 법이라
고 했어요.

아르헤리치   진짜 그래요! 그날그날에 따라 달라요. 내 경우에는요,
피아노가 나를 사랑하지 않으면 나도 피아노를 건드리지
않아요. (웃음) 때로는 잘 안 풀리더라도 피아노를 좀 붙
잡아보려고 노력해야 해요.

올리비에   피아노가 삐쳐요?

아르헤리치   그럼요! 그리고 되게 기분 나쁘게 구는 피아노들도 있어
            요. 다른 연주자들은 자기 악기를 들고 다니지만 우리는
            악기와 타협을 보는 수밖에 없어요. 때로는 기적 같은 연
            주가 나오고 때로는 악몽이 따로 없죠. 그래서 이렇게 생
            각하죠. 그래, 다른 사람들도 이걸로 쳤잖아. 해보자, 방
            법을 찾아보자.

올리비에   피아노가 너무 말을 잘 들어도…….

아르헤리치   맞아요, 매력이 철철 넘치고 음색이 눈부신 피아노를 만
            나면 사람이 게을러질지도 모르죠. 하지만 청중이 그걸
            감지할지는 모르겠어요. 집에서 치느냐, 연주 무대에서
            치느냐에 따라서도 완전히 달라져요.

올리비에   선생님은 무대에서 재미있고 유쾌한 분이죠. 아주 편안
            해 보여요. 그렇게 보이려고 애쓰시는 걸 수도 있고요.

아르헤리치   솔직히 그렇게까지 편하진 않아요. 어렸을 때는 억지로
            나 자신을 쥐어짜야만 무대에 오를 수 있었어요. 도망치
            기도 했었고요……. 하지만 우리 시대의 연주회는 뭘까

요? 예전에는 청중이 말도 좀 하고 그랬어요. 지금은 연주회가 엄숙한 의식 비슷해졌고, 아마 어떤 사람은 그래서 연주회에 반감이 있을 거예요. 무대에 덩그러니 혼자 올라온 예술가가 시각적으로 뭐 그리 흥미롭겠어요. 사람들은 집에서 음반을 듣는 쪽을 더 좋아할지도 몰라요.

올리비에   독주회라는 것을 프란츠 리스트가 만들었습니다만 모두에게 잘 맞지는 않지요.

아르헤리치   낭만파 시대에는 괜찮았죠, 네. 연주회가 앞으로 어떻게 구성될 거라 생각해요? 쇼팽이 살던 시대에는 여성 가수의 노래, 그다음에 서곡, 협주곡 한 악장, 삼중주, 협주곡의 다음 악장, 뭐 이런 식으로 훨씬 다양하게 진행됐었지요. 다시 그렇게 될 것 같아요. 내 느낌이에요.

올리비에   제가 보기엔 호로비츠가 활동하던 시절도 지금보다는 프로그램이 다양했던 것 같습니다.

아르헤리치   어떤 사람에게는 그게 태어나 처음 와본 연주회일 수도 있다는 점을 절대 잊으면 안 된다고 생각해요. 한번은 조르주 프레트르 지휘로 라벨의 〈피아노 협주곡 G장조〉를 연주했는데요, 그날의 프로그램은 전부 라벨이었어요. 연주회가 끝나고 어떤 신사분이 와서 이러는 거예요. "난생처음 연주회에 와봤습니다. 참 좋았습니다. 또 오려고요." 그 말이 너무 기쁘더라고요. 얼마나 자연스러워요.

사람들이 연주회에 오는 이유는 참 다양하죠. 음악을 업으로 하는 사람들도 있고, 음악 애호가들도 있어요. 비교를 할 작정으로 악보까지 들고 오는 사람들도 있고, 발견을 하러 오는 사람들도 있죠.

더 이상 위험을 무릅쓰지 않는다면
더 이상 음악도 없는 거죠.

올리비에   조르주 치프라Georges Cziffra는 어때요?

아르헤리치   아, 치프라! 아주 좋아요. 리스트의 〈헝가리 환상곡〉 연주는 정말이지! 듣고도 믿을 수 없는 리스트 연주를 들었지요, '군더더기'라고는 전혀 없는 연주를. 방스에서, 이브리 기틀리스가 주최하는 페스티벌에서 그를 알게 됐어요.

올리비에   어떤 분이었나요?

아르헤리치   수줍음을 많이 타던데요. 아내분은 정반대였고요. 연주는 하지 않았어요. 초대 손님으로 오셨거든요. 독특한 기질의 소유자였어요. 나는 '피아니즘'보다 그 기질에 더 매료됐어요. 치프라가 피아노를 칠 때는 냉정함이라곤 없어요. 그 반대죠! 파가니니 스타일이에요. 내가 파가니니를 좋아하거든요. 인간으로서나 그가 자기 악기로 해내는 일이나, 전부. 베를리오즈, 슈만도 그렇죠……. 모두가 치프라의 연주가 일으킨 '지진'에 매료되었어요. 비르투오시타도 그렇게 구현될 때는 좋아해요. 특히 바이올린이라는 악기에서는요. 치프라한테는 그게 있어요. 위험을 무릅쓰기. 불가능에 대한 시도.

올리비에   마리아 칼라스에 대해서 누가 한 말인데요, 그녀는 실패를 결코 두려워하지 않았고 그게 무대 천재가 된 비결이었대요.

아르헤리치   맞아요, 위험을 감수해야죠! 오늘날의 문제는, 아무도 CD를 틀어놓은 것보다 못한 연주를 하고 싶어 하지 않는다는 거예요. 우리는 왜곡됐고요, 청중도 왜곡됐어요. 더 이상 위험을 무릅쓰지 않는다면 더 이상 음악도 없는 거죠. 뤼벡에서 연주했을 때 어떤 분이 "음반으로 들은 것보다 훨씬 더 좋네요"라고 했어요. 기분이 정말 좋았지요. 사실, 찬반이 분분하지만…… 나는요, 쇼팽이 어떤 식으로 연주를 했는지 알면 좋겠어요.

올리비에   다른 피아니스트의 연주를 들으면 그 사람과 대화를 나
         누는 것보다 더 잘 알게 되고 친해지나요?

아르헤리치   어렸을 때는 연주를 듣는 것이 그 사람을 아는 최고의 방
         법이라고 생각했어요. 굴다도 그렇게 느꼈고요. 때로는
         연주가 본래 그 사람의 반대, 보완이 되기도 해요. 그 사
         람의 삶이 아닌 것을, 그런 식으로 표현하는 거죠. 숨겨져
         있든 그렇지 않든, 그것도 그 사람 성격의 일부예요. 속일
         수 없는 것이 있다고 생각해요, 나는.

올리비에   어떤 기자는 선생님의 연주가 신비로우면서도 에로틱하
         다고 했어요.

아르헤리치   아, 맞아요. 사비슈라는 기자였어요. 삼사 년 전에 죽었
         죠, 안타깝게도.

올리비에   선생님도 스스로 에로틱하다고 생각하시는지 감히 여쭤
         볼 수는 없고요, 신비롭다는 느낌은 드시는지요? 영성이
         라든가 하는 문제에 관심 있으세요?

아르헤리치   관심이야 늘 있었죠. 아주 어릴 때부터 그랬어요. 하지만
         적극적으로 영성을 탐구하는 편은 아니에요.

올리비에 이런 말 아시죠. "신은 비록 존재하지 않을지라도 가장 중요한 것이다."

아르헤리치 괜찮은데요…… 맞아, 맞아요! 하지만 지금은 그런 이야기는 하지 않겠어요.

올리비에 예술가는 어떤가요? 예술가에게는 악마도 필요합니까?

아르헤리치 그 악마의 유혹이 에로티시즘이겠지요…… 사탄은 위대한 유혹자였어요. 리스트에게는 신과 악마가 다 있었지요. 그는 종교적으로 매우 깊이 있는 사람이었어요.

올리비에 사람들은 말하잖아요, 어느 비르투오소가…….

아르헤리치 ……악마에게 영혼을 팔았다, 뭐 그런 얘기죠? '악마의 바이올린' 운운하면서요. 당신은 어떻게 생각할지 모르지만 내가 아주 에로틱하다고 생각하는 음악가가 한 명 있는데요, 그건 바로 라벨이에요.

올리비에 선생님과 라벨은 아주 잘 어울려요. 거리를 두고 바라보게 하는 에로티시즘이 공통적이죠.

아르헤리치   (웃음) 어쩌면 그럴지도.

올리비에   드뷔시보다는 라벨인가요.

아르헤리치   그런 것 같아요. 쇼팽이 에로틱하다고 생각해요? 그렇게
　　　　　　　말하는 사람들이 있던데 난 쇼팽이 그렇게 느껴지지 않
　　　　　　　거든요. 독살당한 꽃 같아요.

올리비에   프로코피예프와 쇼스타코비치는요?

아르헤리치   내가 더 잘 아는 쪽은 프로코피예프지만 쇼스타코비치도
　　　　　　　아주 좋아해요. 프로코피예프를 연주하는 나는 물 만난
　　　　　　　고기 같죠. 리듬과 활력만 잘 맞는 게 아니라 신화적인
　　　　　　　면도요. 약간 슈만처럼요……. 〈신데렐라〉나 〈피터와 늑
　　　　　　　대〉에 대해서만 하는 말이 아니라 프로코피예프가 이야
　　　　　　　기를 들려주는 방식은 사실주의 소설보다 동화에 더 가
　　　　　　　깝지요.

올리비에   쇼스타코비치와 말러는 무게감, 비장미, 참조해야 할 것
　　　　　　　이 좀 더 많은 반면, 프로코피예프와 모차르트는 음악을
　　　　　　　직접적으로 사유하지요. 그렇지 않습니까?

아르헤리치   동의해요.

올리비에   이 작품은 나에게 맞아, 이 작품은 나하고 안 맞아, 라고
          판단하게 되는 이유로는 어떤 것들이 있습니까?

아르헤리치   우연도 좀 작용하지요.

올리비에   아주 사소한 부분 때문에 작품으로 나아가지 못할 때도
          더러 있나요?

아르헤리치   모차르트라면, 그래요. (웃음) 쇼팽은 지독히도 어렵고요.
          쇼팽을 치지 않은 지 오래됐네요.

올리비에   그렇지만 선생님은 쇼팽 콩쿠르 우승자 아니십니까. 그
          러니까 어느 정도는 책임감을 가지고…….

아르헤리치   나도 알아요. 나한테 쇼팽은 불가능한 사랑이에요. 쇼팽
          은 질투가 너무 심해요. 리스트의 〈피아노 소나타 B단조〉
          와 쇼팽의 〈24개의 전주곡〉을 함께 칠 때였는데 정말 되
          는 게 없었어요. 두 작품이 경쟁 관계에 있는 것 같더라
          고요. 연주회에서 피아니스트가 쇼팽을 치면 모든 게 싹
          바뀌지 않나요? 소리부터 아까와는 다르고 분위기가 달

라져요.

나는 버르토크도 아주 좋아해요. 그의 녹음 음반을 들어 봤나요? 버르토크는 훌륭한 피아니스트이기도 했어요. 그는 양자리예요. (웃음) 내가 양자리하고 잘 맞거든요. 라흐마니노프도 양자리예요.

올리비에　라흐마니노프는 선생님과 가장 친한 음악가 축에 들지 않는데요.

아르헤리치　(웃음) 맞아요. 기품 있는 피아니스트로서도 좋아하지만 그가 작곡한 작품들도 매우 좋아한답니다. 나랑 제일 친한 음악가 무리 중에도 듣는 것만 좋아하고 치지는 않는 작품이 꽤 많아요. 전부 다 하고 살 순 없잖아요.

올리비에　선생님 피아노 위에 놓인 리스트 사진을 봤습니다. 리스트의 어떤 점이 그렇게 선생님을 붙잡아놓는 거예요?

아르헤리치　잘생겼잖아요! 성격도 특별하죠. 리스트는 위대한 작곡가이자 비범하기 그지없는 비르투오소였어요. 그는 이른바 모순적이라는 일들을 실현했고, 슈만, 쇼팽, 바그너 같은 빼어난 예술가들을 후원하고 지지해주었어요. 잘생겼죠! 나이가 들어서 예의 그 큰 구두를 신고 아무렇

쇼팽 콩쿠르 우승을 차지한 뒤 인터뷰를 하는 아르헤리치(1965)

게나 하고 다닐 때도 여자들의 마음을 정복했을 만큼. 그는 대단한 멋쟁이였지만 어느 순간부터 그러지 않기로 결심했던 것 같아요.

올리비에   그에겐 추함을 시험해보는 일이 남아 있었죠.

아르헤리치 (웃음) 네, 그래요! 무사마귀 돋은 얼굴로요.

올리비에   "추함의 좋은 점은 오래간다는 것이다." 세르주 갱스부르가 한 말입니다.

아르헤리치 못생긴 사람들은 나이가 들면서 그럭저럭 괜찮게 보이는 경우가 많아요. 반면, 여신처럼 아름다웠던 배우 에바 가드너는 말년에 굉장히 평범해졌지요. 다른 여성들에 비해 그리 눈에 띄지 않을 정도로요. 희한하지 않아요?

나는 담배를 많이 피웠고 낯빛이 아주 창백했는데
옷은 늘 시커멓게 입고 다녔어요.

올리비에   자신이 예쁘다는 걸 의식하세요?

아르헤리치 나는 예뻤던 적이 없는걸요. 내 딸 아니°도 말했듯이 "그럭저럭 예쁘장해요." 아니가 여섯 살 때 내가 "너무 예쁘구나, 아니." 그랬더니 걔가 이렇게 대답하는 거예요. "나는 너무 예쁘고 싶지 않아요. 엄마처럼 그럭저럭 예쁘장한 게 좋아요!"

올리비에   넬손 프레이레는 선생님을 처음 봤을 때…….

아르헤리치   알아요, 아주 못생겼다고 생각했대요. 내가 그 친구 타입이 아니었거든요. 넬손과 처음 만났을 때의 나는 한창 좋은 시절이었는데 말이에요. 열일곱 살 때, 나도 썩 괜찮았다고요.

올리비에   남자 잡아먹는 요부라고 소문도 났잖아요…….

아르헤리치   터무니없는 얘기였죠. 나는 담배를 많이 피웠고 낯빛이 아주 창백했는데 옷은 늘 시커멓게 입고 다녔어요. 그런 스타일이 유행하기 전이었는데 말이에요. 뭐, 쥘리에트 그레코도 그러고 다니긴 했지만.

올리비에   피아노 치는 얌전한 소녀는 확실히 아니었지요. 선생님

•   마르타 아르헤리치와 샤를 뒤투아 사이에서 태어난 딸 아니 뒤투아를 가리킨다.

은 규칙을 깨뜨렸어요.

아르헤리치   어쩌면 내가 치는 옥타브 때문이었는지도 몰라요. 내가
              워낙 빨리 쳐서요. 아마 그게 맞을 거예요. 그렇긴 한데,
              나도 몰라요. 이유를 도통 모르겠어요. 되게 웃긴 게, 내
              가 열여섯 살 때 어떤 평론가가 이렇게 썼어요. "그녀는
              모딜리아니의 그림 같은 삼각형 얼굴과 못된 새끼 고양
              이 같은 분위기로 등장했다." 그래요. 아, 모나리자의 미
              소라는 표현도 여러 번 봤네요.

올리비에   선생님의 친구 알렉세이 골로빈은 선생님이 열다섯 살
              이후로 전혀 자라지 않았다고 하던데요.

아르헤리치   아, 그래요? 그건 몰랐네. 그래서 내 머리가 회색이 됐나
              봐요. 변화하기 위해서, 그리고 사람들 보라고. 그리고 나
              자신도 그 사실을 깨달을 수 있도록.

올리비에   브루노 자이들호퍼Bruno Seidlhofer는 살면서 세 개의 경이
              로운 현상을 보았다고 해요. 굴다의 두뇌, 프레이레의 마
              음, 그리고 선생님의 손.

아르헤리치   네, 넬손이 나에게도 말해줬어요. 확실히 손은 신체라는

이유로 낮게 보는 것 같아요.

나는 간접적인 걸 좋아하거든요.
그리고 절도, 균형, 취향의 문제도 있고요.
나는 과장을 좋아하지 않아요.

올리비에   브뤼셀과 제네바를 오가면서 살고 계시죠. 프랑스와 프
          랑스어는 선생님에게 어떤 의미가 있나요?

아르헤리치   프랑스어를 늘 좋아했어요. 예전에는 프랑스어가 더 유
          창했는데 지금은 이 나라 말 하다가 저 나라 말 하다가
          해서 완전히 뒤죽박죽이에요. 스페인어, 이탈리아어, 포
          르투갈어, 영어…… 프랑스어는 나에게 매우 특별해요.

올리비에   왜요?

아르헤리치   아름다움을 느끼기 때문에 끌리는 거죠. 앙드레 지드와
          위트릴로, 모딜리아니, 세잔, 르누아르, 루오 같은 화가들
          이 있었으니까…… 내 침대 위에도 '클로드 아실 드뷔시'
          서명을 걸어두었어요. 그 서명이 아름다워 보여서요.
          나는 늘 프랑스 문화와 언어에 끌렸어요. 열다섯 살 때는
          장폴 사르트르에 빠졌고 그 후 한동안은 프랑수아즈 사

강, 시몬 드 보부아르에게 심취했어요. 라벨도 있죠! 뭔가 베일에 가려진 듯한 프랑스적인 영혼이 마음에 들어요. 스페인적인 영혼은 훨씬 개방적이고 훨씬 뚜렷하지요. 그런데 나는 간접적인 걸 좋아하거든요. 그리고 절도, 균형, 취향의 문제도 있고요. 나는 과장을 좋아하지 않아요.

프랑스혁명도 내 마음을 사로잡았어요. 그리고요, 당신이 비웃을지는 모르지만, 『데지레Désirée』라는 책을 읽었거든요. 책의 주인공인 데지레 클라리는 나폴레옹과 결혼을 약속한 사이였죠. 열한 살 때 그 책을 읽으면서 나까지 나폴레옹과 사랑에 빠졌지 뭐예요. 그다음에는 미테랑, 나는 미테랑 대통령을 아주 좋아했어요. 역사를 좀 바꿔놓은 사람 아닌가요? 페레스트로이카 시대의 고르바초프도 그렇고.

올리비에   선생님의 사회적 의식은 그 뿌리가 어디에 있다고 생각하세요?

아르헤리치   아주 어렸을 때부터 디킨스의 소설과 『톰 아저씨의 오두막』을 즐겨 읽었어요. 그다음에는 초기 그리스도교인들에 대한 소설 『쿠오 바디스』에 빠졌죠. 모든 것이 섞여 있었어요. 사회주의와 종교. 내 사회적 의식의 가이드라인은 근본부터 그리스도교적인 정서예요.

나는 아르헨티나 전체주의 체제에서 성장했어요. 후안 페론이 집권하던 체제에서요. 그 전후로 극우파가 있었죠. 사회적 불의를 보면 늘 반항심이 들었어요. 부유한 지주들이 봉건적 권력을 마구 휘두르던 아시엔다* 시대가 있었죠. 지주들은 일꾼들의 투표용지를 압수해서는 자기들 멋대로 표를 행사했어요. 일꾼들은 월급 대신 지주들의 가게에서 식량을 가져갈 수 있는 배급표를 받았고요. 여성은 투표권이 아예 없었고, 은퇴라는 것도 없었죠…….

올리비에   루가노 페스티벌에서 예술가들은 연주 사례비를 똑같이 받습니다. 왜 그런가요?

아르헤리치   스타 연주자와 그렇지 않은 연주자가 평등하다는 생각이 좋아요. 음악계에서 사례비의 많고 적음이 얼마나 심한지 얘기하려면 몇 시간으로도 모자랄걸요. 그 문제를 다룬 책도 몇 권 있을 정도죠.

올리비에   어떤 지휘자는 최소의 시간으로도 좋은 결과를 얻어내기 때문에 사례비를 많이 받는 것 아닐까요? 전체적으로 보면 오히려 비용을 절감해주는 효과가 있으니까요.

---

*   라틴아메리카의 대토지 소유제. 에스파냐 식민지 시대의 유산으로, 주로 채무노예의 노동력으로 토지를 경작했다.―옮긴이 주

아르헤리치 글쎄, 잘 모르겠어요. 첼리비다케는 리허설을 열두 번 요구했지만 연주자들이 따라줬어요. 하지만 그는 대단한 음악가였고, 역량이 부족해서 연습을 그렇게 많이 시켰던 건 아니죠. 오케스트라가 더 깊게 들어가기를 바랐기 때문에 그런 요구를 했던 거예요. 그는 연주자들이 서로의 소리를 듣고 지휘자가 왜 이러저러한 요구를 하는지 이해하길 바랐어요. 그게 그 사람이 음악을 하는 방식이었죠. 그는 공무원처럼 음악을 하지도, 수익성을 따지지도 않았어요.

미국에서는 좀 너무해요. 무대 앞에 거대한 벽시계가 있죠. 정해진 시각이 되면 대표가 일어나서 "끝냅시다"라고 말하고 그 말에 아무도 토를 달 수 없어요. 유럽은 다행히 그렇지는 않아요.

첼리비다케 지휘로 슈만의 피아노 협주곡을 두 번 연주했어요. 한 번은 파리, 다른 한 번은 로잔에서였죠. 나는 리허설을 다섯 번 할 수 있었어요. 굉장히 만족스러웠어요. 시간을 오래 끌지 않으면서 중간중간 쉬는 때도 있었고, 모든 점이 완전히 달랐어요. 나한테는 그 경험이 매우 흥미로웠어요. 뭔가를 배우고 싶었던 나에게 첼리비다케는 하나의 현상이었죠.

스티븐 코바세비치가 당시에 리허설을 참관하고는 이런 말을 했어요. "마르타, 당신들은 서로 다른 두 협주곡을 연주하고 있어.” 그래서 어떻게 조화를 좀 시킬 수 있을까 고민했지요. 게다가 어떤 평론가는 “크림에 빠진 성게”라는 기사를 썼어요. 첼리비다케가 크림이고 나는 성게라는 거죠. 그가 나의 뾰족뾰족한 면을 많이 둥글렸으니까. 하지만 이건 이론의 여지가 없어요. 나는 배우기 위해 그 자리에 있었어요.

올리비에   레너드 번스타인Leonard Bernstein과 굴드의 브람스 〈피아노 협주곡 1번〉 협연처럼 예고라도 했으면 좋았을 텐데요.

아르헤리치   그런 게 아니었어요. 첼리비다케는 위대한 마에스트로였죠. 게다가 나는 그와 함께 무슨 의논을 해보고 말고 한 것도 없었어요. 2악장에서 첼로 파트가 노래하듯 나오기 때문에 나는 더 치고 나가고 싶었는데 지휘는 요지부동이었어요. 나로서는 아무것도 할 수 없었지요.

연주회 당일, 나는 체념했어요. 지휘자가 자기 고집대로 밀고 나가는 걸 봤으니까요. 오히려 내가 넘어갔죠! 그는 연주를 계속 느리게 끌고 갔어요. 연주가 불안정해지는 느낌이 들어서 나도 느리게 갈 수밖에 없었죠. 그랬더니 그가 나를 보고 씩 웃는 거예요. ‘드디어 네가 졌어’라고 말하는 것 같은 표정이었죠.

이탈리아에서 RAI 오케스트라와 협연할 때, 제1바이올린 연주가가 나에 대해서 이렇게 말하더군요. "첼리비다케 딸 아니었나요!" 내가 첼리비다케와 좀 닮긴 했거든요. 재미있죠. 게다가 그는 우리 아버지와 많이 닮았어요. 아니, 우리 아버지가 첼리비다케를 닮은 건가요?

올리비에   그 슈만 협주곡 연주는 리듬과 화성의 싸움이었던 건가요?

아르헤리치   음악은 구성 요소로만 논할 수 없고 심리도 중요해요. 슈만에겐 불안한 면이 있다고 생각해요. 슈만은 결코 자리에 앉지 않고, 인사도 하지 않고, 안절부절못하고 서성이지요…….

올리비에   불안정하죠.

아르헤리치   그래요. 나는 슈만이 어느 한 악기 파트에 힘을 주는 게 좋아요. 그 힘이 펼쳐지고, 돌아오지요.

올리비에   선생님이 지휘자들을 지배한다고 말하는 사람도 많아요.

아르헤리치   나는 그렇게 생각하지 않아요. 나는 그런 관계에 있지 않아요.

올리비에　카라얀, 줄리니, 번스타인 같은 지휘자들하고는 연주를
하신 적 없지요?

아르헤리치　번스타인과는 스트라빈스키의 〈결혼〉을 해봤어요. 개인
적 문제로 뉴욕 필하모닉과의 첫 협연을 취소한 적이 있
어요. 그때는 베토벤 〈피아노 협주곡 1번〉이었죠. 그래서
번스타인이 지휘를 하면서 직접 피아노를 쳤어요. 청중
의 반응이 뜨거웠어요. 번스타인도 흡족해했고요.
이듬해에 뉴욕 필하모닉하고 다시 한번 계약을 했어요.
이번에 나를 독주자로 섭외한 지휘자는 클라우디오 아바
도였고요. 일전의 연주 취소는…… 없었던 일이 되었죠.
그래도 그게 나의 뉴욕 필하모닉 '데뷔'였는데! 하지만
그때 내 공연기획자가 그랬어요. "번스타인은 당신을 엄
청나게 좋아해요. 당신 대신 피아노를 치고서 큰 성공을
거뒀으니까요." 나는 번스타인이 정말 비범한 사람이라
고 생각해요. 특히 청소년을 위한 연주회는 훌륭하지요.
우리 시대의 천재예요.

다른 사람이 나에게 권위적으로 구는 것도 못 참지만
내가 다른 사람들에게 그러지도 못해요.

올리비에　선생님은 제자를 키우고 싶지 않으세요?

아르헤리치 | 그쪽으로는 경험이 전혀 없어요. 어쩌면 그렇게 될지도 모르지요. 서른 살 때 시에나에서 굉장히 힘든 경험을 했어요. 내가 마스터클래스를 진행하기로 되어 있었거든요. 현장에 도착은 했어요. 생후 2개월이었던 내 딸 아니는 밤새 울어댔지요. 나는 피아노를 치는 학생들 한 무리를 소개받았고, 그중에서 내 마음에 드는 사람을 뽑으라는 말을 들었어요. 나는 일부만 뽑을 수는 없다고 했어요. 민주적 분위기에서 누구든 거리낌 없이 평가하고 비판할 수 있기를 바랐어요.

물론, 그게 내 뜻대로 잘되진 않았고, 일이 골치 아파졌지요. 어떤 여학생은 이렇게 말했어요. "피아노를 너무 빨리 치면 현기증이 나요." 아니, 내가 무슨 말을 하겠어요. 나는 감독하는 법을 몰랐어요. 학생들을 가르치려면 그런 것도 할 줄 알아야 해요.

나중에 일본에서 마스터클래스를 다시 경험했어요. 그때는 유라 마르굴리스가 조교로 애써주어서 훨씬 수월했어요. 유라는 내 친구 비탈리 마르굴리스의 아들이에요. 그에게 학생들과 나의 중재자 역할을 해달라고 부탁했죠. 나는 사람들과 함께 일하는 걸 좋아해요. 내가 중심이 되는 건 별로예요. 그게 내 문제인 것 같아요. 지금과는 달랐던 시대에 향수를 품고 있기도 하고요.

올리비에   리스트도 바이마르에서 마스터클래스를 열었었죠.

아르헤리치   맞아요, 하지만 나는 리스트처럼 위대한 사람이 아니잖아요. DVD로 다니엘 바렌보임의 베토벤 마스터클래스를 봤는데 경탄이 나오더군요. 경이롭더군요. 어쩌면 그렇게 아는 것도 많고, 자기 생각을 잘 표현하는지! 다니엘 바렌보임은 음악가로서 완전체예요. 코르토도 교육자로서 괜찮았어요. 나는 그가 출간한 책들을 좋아해요, 정말 훌륭하죠. 나한테 푸충Fù Cōng, 傅聰*이라는 친구가 있는데 참으로 비범한 교육자예요. 넬슨 프레이레는 그 정도까진 아니지만 그래도 훌륭한 편이죠. 어쨌든 나보다는 훨씬 잘해요.

올리비에   선생님이 권위적이지 않아서 그런지도 몰라요.

아르헤리치   아, 권위적으로 구는 건 못 해요. 내 자식들한테도 그래본 적이 없어서. 다른 사람이 나에게 권위적으로 구는 것도 못 참지만 내가 다른 사람들에게 그러지도 못해요. 하지만 진정한 권위는 그런 게 아니잖아요? 완전히 다른 거죠. 어쨌거나 난 정말 권위가 없고, 아쉽지만 할 수 없어요.

*   2020년 12월에 시망했다.

올리비에   선생님은 예술가가 무엇이라고 생각하세요?

아르헤리치 까다로운 질문이네요. 아름다움을 찾는 사람, 시대정신을
          표현하려고 하는 사람, 자기 시대를 좀 앞서가는 사람. 다
          들 자기가 하는 일에 깊이 관여해 있죠. 나에게 예술가란
          그런 거예요. 조금 더 앞으로 나아가려고 하는 사람. 물론
          예술적 수단으로써 말이에요.

올리비에   그러한 관념을 잘 구현한 사람으로는 누가 있을까요? 레
          너드 번스타인?

아르헤리치 아, 그렇죠. 작곡가로서, 연주자로서 자기 시대의 사람이
          니까. 그래요, 나도 그렇게 생각해요.

올리비에   푸르트뱅글러는요?

아르헤리치 모르겠어요. 푸르트뱅글러는 잘 몰라요, 당연한 일이지만.
          다니엘 바렌보임에게 물어보세요. 나는 굴다가 생각나요.
          그는 스물네 살에 베토벤의 서른두 개 소나타를 연주했지
          요. 재즈를 했고, 작곡을 했고, 책도 두 권 썼어요. 머리부
          터 발끝까지 음악인이었고 자기 시대의 사람이었죠. 그리
          고 로스트로포비치는 수많은 작품에 영감을 주었어요. 기

돈 크레머는 뚜렷한 자기 행보가 있어요. 이 예술가들은 전부 다 달라요. 하지만 소통으로 영웅급인 사람은, 그래요, 당신 말대로 번스타인 맞아요. 그리고 다니엘 바렌보임도요. 그의 사회적, 정치적 관심 덕분에 웨스트 이스턴 디반 오케스트라가 생겼지요. 그는 상아탑에 갇혀 있지 않은 큰 음악가예요. 탄복할 만한 음악가죠.

올리비에   다니엘 바렌보임이 팔레스타인 지역 단원들로 구성된 자신의 오케스트라와 협연을 하자고 하면 어떻게 하실 건가요?

아르헤리치   하지 않을 이유가 없는 것 같은데요.[*]

올리비에   인터뷰의 끝을 어떻게 낼까요?

아르헤리치   난 연습하러 가야 해요. (웃음)

---

   *   마르타 아르헤리치는 실제로 2015년과 2016년에 부에노스아이레스에서, 2018년과 2019년에는 런던에서 협연 무대를 가졌다.

암을 극복한 뒤의 아르헤리치(1996, © Gettyimages)

브뤼셀에서의 인터뷰
- 2011년

『마르타 아르헤리치』가 나온 후 그녀를 만나려고 백방으로 애를 썼다. 마크 트웨인이 말했듯이 날씨는 천국이 한결 온화하고 좋겠지만 더불어 벗하기에는 지옥만 한 것이 없다. 어쩌면 나는 '산후우울증' 비슷한 출간 후유증을 해소하고 싶었던 것 같다. 어쩌면 그녀의 심기가 상하지 않았다는 것을 확인하고 싶었는지도 모른다.

SNS에서 마르타가 그 책을 좋아하지 않더라는 글을 더러 봤다. 책을 들고 가서 연주회 후에 서명을 부탁했는데 거절당했다나. 사실, 그녀는 책에는 자기가 아니라 저자가 서명을 해야 한다고 생각했다. 서명을 거부한 것은, 오히려 지적 성실성의 표시였다. 나는 그녀가 책을 처음부터 끝까지 다 읽지는 않았을 거라 생각한다. 그러면서도 내가 그 책을 썼음에 감동했으리라 믿어 의심치 않는다.

물론 좋아한다는 것은 또 다른 얘기다. 로시니는 스탕달이 자기에 대해서 쓴 책을 '좋아했을까?' 예수그리스도가 복음서들을 읽었다면 과연 '좋아했을까?' 이웃을 내 몸처럼 사랑하는 것이 거울 속에 비친

자기 모습을 사랑하는 것보다 훨씬 쉽다.

그래서 나는 브뤼셀로 갔다. 다시 아동용 침대가 내 잠자리가 되었다. 이제는 편하기만 했다. 두려울 게 없는 기분이었다. 인터뷰를 따기 전까지는 떠나지 않을 것임을, 스스로 알고 있었다. 그녀가 말하고 싶지 않다고 해도 나는 속으로 미소 지었다. 내가 이기리라는 것을, 전쟁에서 돌아온 사내가 회포를 푸는 시간이 내게도 주어지리라는 것을 알고 있었으니까.

어느 날 오후, 나는 말 좀 하자고 했고, 그녀는 싫다고 했고, 나는 굽히지 않았다. 마르타는 제네바에서의 인터뷰처럼 잘 풀리지만은 않을 것 같다고 생각했다. 그때만큼 활기 넘치고, 재미있고, 호감 가는 인터뷰가 나오지 않을 거라고 걱정했다. 나는 소형 녹음기를 들고 그녀의 방으로 갔다. 그녀는 마지막으로 한 번 더 나의 계획을 좌절시키려 들었다. 그러다가 나의 철통같은 의지와 거부할 수 없는 매력에 못 이겨, 결국 두 손을 들고 내가 하자는 대로 따라주었다.

올리비에   제가 쓴 책을 어떻게 생각하세요?

아르헤리치 아이와 마법*? 제목이 좋아요. (웃음) 그리고 라벨의 그 작품도 좋아해요.

*   L'Enfant et les sortilèges, 저자가 쓴 마르타 아르헤리치 평전의 제목이자 모리스 라벨의 작품 제목.—옮긴이 주

올리비에   여전히 아이 같은 기분이 드세요?

아르헤리치   다들 그렇지 않나요? 우리는 '아이의 아이'지요. 나도 아
            직 아이였으면 좋겠어요……. 어릴 때는 아주 짧은 머리
            를 했어요. 아버지가 한 달에 두 번은 꼭 미용실에 가게
            했거든요. 열다섯 살부터 스타일을 확 바꿨어요. 누가 내
            머리에 손대는 게 싫더라고요.

올리비에   마법은 어때요? 선생님과 피아노의 관계도 마법에 해당
            하지 않습니까?

아르헤리치   우리의 삶이든, 그 무엇이든, 설명이 가능한 건지 잘 모르
            겠어요. 어쩌면 모든 것이 마법이든가, 어떤 것도 마법이
            아니든가, 둘 중 하나겠지요. 모르겠어요. 요즘 나는 다른
            것들을 너무 많이 생각해서…….

그냥 나 자신을 위한 연습이에요.
나 혼자 피아노하고만 있는 시간.

올리비에   파스칼은 인간의 불행이 방에 가만히 머물러 있지 못하
            는 데서 비롯된다고 했는데요…….

아르헤리치　나는 방에 가만히 있는 것도 잘 맞아요. 그럴 때가 자주 있고요. 하지만 내 주위에는 늘 사람이 많아요. 요즘은 시간을 따로 내어 연습을 하려고 해요. 연주회를 준비한다는 표현은 쓰기 싫고요, 그냥 나 자신을 위한 연습이에요. 나 혼자 피아노하고만 있는 시간.

이곳 브뤼셀 집에서는 가능해요. 다른 곳에선 그럴 수 없죠. 나는 밤에 피아노를 치는 게 좋아요. 나 자신과 은밀한 시간을 갖는 기분이 드니까……. 새벽 3시, 4시에도 곧잘 초인종이 울리곤 하지만 말이에요.

올리비에　선생님의 연주로 듣고 싶은 작품이 얼마나 많은지 몰라요!

아르헤리치　뭐라고 대답해야 할지 모르겠네요. 하면 하는 거고, 아니면 아닌 거고.

올리비에　스티븐 코바세비치는 라벨의 〈왼손을 위한 협주곡〉이 마치 선생님을 위해 쓰인 작품 같다고, 자기가 신이라면 선생님에게 억지로라도 연주를 시킬 거라고 하던데요.

아르헤리치　그 사람이 왜 그런 말을 하는지 모르겠어요. 그건 그 사람 생각이고요. 나는 그 작품을 듣는 쪽이 좋아요. 한번 연주해보려고 한 적도 있긴 한데, 목이 틀어져서 못 하겠

더라고요. (웃음) 그 작품을 연주한 피아니스트들은 많아
요. 굳이 나까지 할 필요는 없죠.

올리비에   선생님의 거의 초인적인 기억력에 대해서 말해볼까요?

아르헤리치   내 기억력이 늘 그렇게 좋은지는 모르겠어요. 그리고 나
는 필터가 없어요. 내가 기억하는 것들은 대부분 별로 중
요하지 않은 거예요.

올리비에   무대에서 기억이 안 나서 낭패를 본 적은 없으시죠?

아르헤리치   낭패라고 할 것까진 없었고요, 자잘하게 당황했던 적이
야 있죠. 요즘은 악보를 두고 연주하는 게 유행이잖아요.
그래도 어떤 사람들은 그건 청중에 대한 예의가 아니라
고 해요. 제자도 스승 앞에서는 악보를 외워서 치는 게
예의라고 하고.

올리비에   쇼팽은 반대로 생각했어요. 그는 제자가 악보를 외워서
치는 걸 좋아하지 않았대요…….

아르헤리치   하지만 쇼팽은 비범한 연주자들을 제자로 두지 않았어
요. 주로 사교계 부인네들이 그에게 피아노를 배우지 않

았던가요? 직업 연주자들을 길러낸 리스트나 클라라 슈
만의 경우와는 다르죠.

내게 남은 시간을,
그 시간에는 한계가 있음을 생각하죠.

올리비에   선생님은 연주 무대에 서는 걸 좋아하세요? 아니면, 쇼팽
처럼 심하게 긴장하는 편이세요?

아르헤리치   잘 풀릴 때는 너무 좋죠. 나를 골치 아프게 하는 주변적
인 것들, 무대에 오르기 전과 내려온 후가 문제예요. 하지
만 쇼팽의 연주를 들을 수 있다면 들어보고 싶어요. 다른
사람들보다 특히 쇼팽이 궁금해요. 그는 인간적으로 몹
시 고통을 겪었지요. 슈만도 그렇고, 가엾은 베토벤은 말
할 것도 없고, 다들 정말 괴로운 삶을 살다 갔어요. 그들
이 어떻게 그토록 빼어난 작품을 쓸 수 있었는지, 어떻게
그럴 시간이 있었는지 모르겠어요.

올리비에   평소 시간이 없다고 느끼시는가 봐요.

아르헤리치   다들 시간이 없다고 하죠. 나는 누가 내 시간을 잡아먹는
것 같은 느낌이 들어요. 요즘 들어 죽음을 자주 생각해요.

뭐, 예전에도 그러긴 했어요. 아홉 살, 열 살 때도 이미 죽음에 대한 생각이 많았어요. 밤에 잠들지 않으려고 마법의 의식 같은 걸 상상해서 스스로 해보고 그랬죠. 하지만 지금은 달라요. 내게 남은 시간을, 그 시간에는 한계가 있음을 생각하죠. 그렇기 때문에 나는 내 중심을, 나의 사생활을 되찾아야 해요.

올리비에   암 투병 이후로 인생이 영원할 수 없음을 실감하신 건가요?

아르헤리치   언제 또 그렇게 될지 몰라요, 그게. 유예의 삶을 산 지 12년 됐고, 매년 꼬박꼬박 추적검사도 받고 있어요. 처음에는 정말 감당하기 힘들었어요. 악성 흑색종 진단을 받은 날이 마침 나와 가장 친한 친구의 장례식 당일이었거든요.
6년 후 재발했을 때는 차라리 나았어요. 웬만큼 익숙해져 있었죠. 재발이 더 심각한 상황이었지만 나는 훨씬 당당하게 맞설 수 있었어요. 미국의 병원은 공포를 가중하는 분위기가 아니었기도 하고……. 요즘은 내가 드디어 우리 어머니가 돌아가신 나이가 됐기 때문에 좀 심란해요.

올리비에   어머님이 정말 대단하신 분이었지요!

아르헤리치   네……. 어머니는 다니엘 바렌보임에게 홀딱 반하셨더랬

어요. 나한테도 "너는 왜 개처럼 하지 못하니?"라고 말씀
하시곤 했죠. 내가 다니엘처럼 피아노도 치고 오케스트
라 지휘도 하기를 바라셨을 거예요. 어머니는 남이야 충
격을 받든 말든 개의치 않고 머릿속에 떠오르는 말을 다
하는 괴짜셨어요. 굉장히 재미있는 분이셨죠.

올리비에 피아노도 어머님 때문에 치게 된 거죠?

아르헤리치 시작은 그냥 나 혼자, 놀이 삼아 했던 거예요. 어머니가
스승님들을 찾아줬죠. 스카라무차에게 배울 때는 어머니
가 자주 따라오셨고 스카라무차가 하는 말을 전부 적어두
셨어요. 나중에 내가 첫애를 낳았을 때, 연주 공백이 3년
있었어요. 나는 정말 피아노를 '쓸어보는' 정도밖에 하지
않았어요. 그때는 '그래, 난 애가 있어. 예전에는 피아니
스트였지만 지금은 아니야. 외국어를 여러 개 하니까 비
서로 취직을 할 수는 있겠다'라고 생각했어요.
쇼팽 콩쿠르를 준비하라고 슈테판 아슈케나제Stefan
Askenaze와의 만남을 마련해준 사람도 어머니였어요. 피
아노에 관한 한, 어머니는 항상 위기 속에 나타난 구조대
같은 분이셨죠.

올리비에 어머님께 고마운가요?

아르헤리치 그럼요. 어머니를 사랑해요. 하지만 정말 센 분이긴 했어요. 나는 누가 나한테 하자는 대로 하는 편이거든요? 그런데 이상하게 어머니가 하라고 하는 건 그렇게 못 참겠더라고요. 원래 자기하고 제일…… 가까운 사람들을 제일 불공평하게 대하잖아요. 청소년기에 접어들면 자기 인생을 살고 싶고, 바보 같은 짓도 해보고 싶고 그렇죠. 엄마 말이 옳다는 걸 알면서도 어쩔 수 없는 거예요.

어머니는 남들에게 그들 자신을 발견하게 하는 재주가 있었어요. 상파울루에 알베르토 다 코스타라는 넬손 프레이레의 친구가 사는데요, 크게 성공을 거두지는 못한 피아니스트였어요. 어머니가 그에게 피아노 말고 할 줄 아는 게 있는지 물었어요. 그는 자기가 그린 그림들을 보여줬어요. 어머니가 그 그림들을 유명한 화가에게 들고 가서 보여주고 확실히 재능이 있다는 말을 듣고 왔지요. 지금 알베르토 다 코스타는 화가로서 인정을 받았어요. 어머니는 자기에게 가장 좋은 것은 몰라도 남들에게 가장 좋은 것은 귀신같이 구해올 줄 아는 사람이었어요.

올리비에 어머님은 선생님에게 기생하는 사람들이 너무 많다고 하셨는데…….

아르헤리치 어머니는 그런 식으로 말씀하셨어요. "나쁜 영향" 운운하셨지만 어머니가 나에게 지적한 결점들은 어머니 자신의 결점이기도 했어요. 나는 어머니 친구들에 대해서 아무 말 안 한다고요! 어머니야말로 항상 주위에 사람이 바글바글했어요. 많은 사람이 어머니를 중심으로 돌아갔지요. 어머니는 피아노로 나를 못살게 굴었어요. 어릴 때는 연습 시간이 길지는 않았지만 단 하루도 빠질 수 없었죠. 지금은 연습을 더 많이 해요. 이유는 모르겠어요. 인생에 달리 할 게 없어서 그런가. 그냥 체념했나 봐요. (웃음)

올리비에 아버님은 어떤 분이셨나요?

아르헤리치 매력적인 분이었어요. 상상력이 풍부한 예술가 유형이랄까. 밤에 나에게 시를 지어주셨고 새벽 2시에 나를 깨워서 재미있는 이야기를 들려주시기도 했어요. 우리는 사이가 좋았지만 싸우기도 많이 싸웠어요.

올리비에 선생님이 집안의 왕이었나요?

아르헤리치 왕이자 노예였죠! 정작 나는 왕처럼 떠받들어주기도, 노예처럼 사는 것도 원하지 않았는데 말이에요. 남에게 메여 살았다고 생각해요. 나는 훨씬 민주적인 관계를 간절히 바랐어요. 심지어 학대당한다고까지 생각했어요. 예를

어린 시절의 아르헤리치

들자면, 나는 이유가 이해되지 않는 지시를 따를 수 없었어요. 계속 "왜요? 왜요?"라고 따지고 들었죠. 하지만 결국은 부모님이 당신들 할 수 있는 대로 하고 말았어요.

올리비에   그래서 어린 나이에도 불구하고 일찌감치 어른처럼 철이 들었군요.

아르헤리치   그런 것 같아요. 다닥다닥 붙어 지내다 보니 부모님에 대해서 너무 많은 것을 알게 됐지요. 우리 집은 아주 작은 아파트였고 내 옆에는 늘 어른이 있었어요. 게다가 나는 피아노 덕분에 아주 어렸을 때부터 집중력이 발달했어요. 주위에서 일어나는 일을 예리하게 의식하곤 했어요. 나한테는 무슨 이야기를 함부로 할 수 없었대요.

올리비에   따님들을 키울 때는 어땠나요?

아르헤리치   나는 투명한 엄마였어요. 애들 아빠는 없었고, 나는 늘 친구들하고 널찍한 집에서 살았죠. 참 좋았던 시절이에요. 애들에게도 좋았을 거라 생각해요. 딸들하고 여행을 많이 다녔어요. 정확히는 둘째, 셋째하고죠. 첫째 딸은 그때 같이 살지 않았으니까……

그리고 어쨌든 음악은 존재하지요.
목표는 음악이에요.

올리비에   열아홉 살 때는 왜 연주를 중단하셨나요?

아르헤리치   내가 피아노를 치는 방식, 내 삶이 만족스럽지 않았어요. 나는 미켈란젤리와 피아노를 연습하고 싶었는데 1년 반 동안 레슨은 단 네 번뿐이었어요.

올리비에   왜 그랬던 거예요?

아르헤리치   원래 그런 거였어요! 미켈란젤리는 아무에게도 레슨을 하지 않았어요. 우린 그냥 공동체 생활을 한 거예요. 우리는 열두 명이었죠, 열두 제자처럼. 그러고는 하염없이 기다렸어요. 우리는 탁구도 치고, 같이 밥도 먹고, 그러면서 기다렸어요. 생활 자체는 아주 좋았어요.

올리비에   피아노를 칠 때 진정한 자기 자신이 되는 기분이 드세요?

아르헤리치   집에서요, 아니면 무대에서요? 그 둘은 달라요. 집에서는 탐색을 하고 나는 거기에 완전히 빠져들죠. 네, 집에서는 내가 더 중심이 잡히는 기분이 들어요. 하지만 내가 배우나 외과의라고 해도 마찬가지겠죠.

올리비에   무대에서의 연주는 선생님의 의지로 이루어지는 게 아니
라고, 혹은 어떤 외부적인 힘에 사로잡히는 것 같다고 생
각하세요?

아르헤리치   나는 다른 사람이 만든 작품을 연주하는 사람이에요. 하
지만 당신이 무슨 말을 하고 싶은지는 알아요……. 일종
의 법열 상태가 되지 않느냐 묻고 싶은 거죠? 아뇨, 그런
느낌은 아니에요. 내가 느끼지도 않은 것을 말할 수는 없
어요. 나한테는 그냥 자연스러운 거예요. 상궤를 벗어나
는 현상을 추구하려고 해선 안 돼요. 진실은, 무대에서는
모든 것을 잊는다는 거예요, 지난한 괴로움마저도…….
하지만 특별한 건 전혀 없어요.

올리비에   선생님의 테크닉은 무척 자연스럽죠?

아르헤리치   자연스러운지는 잘 모르겠고요, 오래되긴 했어요. 세 살
때부터죠. 악기와의 관계, 네, 그게 맞아요. 하루는 프리
드리히 굴다의 아들 파울이 물었어요. "아빠, 피아노를 잘
치려면 어떻게 해야 해요?" 굴다는 이렇게 대답했죠. "피
아노 안으로 들어가야 한단다."

컨디션이 좋지 않을 때는 악기 안으로 들어가기 힘들죠. 하지만 또 될 때는 깊게 파고들 수 있어요. 그러면 마치 반죽을 손으로 주물러가면서 놀 때처럼 기분이 좋아요. 행복에 취하는 것 같고 그래요. 컨디션을 좋게 끌어 올리려면 연습을 많이 해야 해요. 연습이 부족하면 바깥에 머물 수밖에 없지요.

연습이 연주회 당일의 컨디션을 보장하지는 않아요. 잘 안되면 끔찍하죠. 이빨을 드러낸 무시무시한 괴물이 눈앞에 아른대요…… 잘될 때는 몸으로 벌써 다르게 느껴요. 관능적인 느낌이랄까. 그리고 어쨌든 음악은 존재하지요. 목표는 음악이에요. 그게 아니면 무슨 소용이 있겠어요?

올리비에 다른 피아니스트들의 연주에서도 그런 게 들리나요?

아르헤리치 누가, 어느 곡을, 언제, 어떻게 치느냐에 따라 달라요. 반죽을 가지고 노는 사람은 내가 아니죠. 그래도 언제, 어느 연주자에게 '그 느낌'이 있고 없고 정도는 느낄 수 있어요.

올리비에 그러니까 두 종류의 피아니스트가 있군요. 악기와 자연스럽게 접촉하는 피아니스트와 그렇지 않은 피아니스트요.

아르헤리치 그래요. 음, 아주 내밀한 접촉이라고 말하겠어요. 하지만 태어날 때부터 그런 건 아니라고 봐요. 피아노에게 다가 간 후에, 그리고 상당한 연습을 하고 난 후에 그렇게 되는 거죠. 어떤 사람들은 연습을 아무리 해도 영원히 안 돼요. 아마도 그걸 재능이라고 부르는지도 몰라요. 곡예사나 댄서도 비슷해요. 누구나 팔다리는 두 개씩 달려 있지만 그걸 기발하게 쓰는 사람은 따로 있잖아요.

올리비에　선생님은 자신의 쌍둥이 같은 존재들을 찾고 있나요? 선생님이 말하는 '그것'을 가진 사람들을요?

아르헤리치　그래요, 나는 그런 데 끌려요. 하지만 나 자신에게 감탄하는 사람은 아니에요. 그보다는 내가 감탄하는 대상을 가깝게 느끼는 편이죠. 피아노와 관련해서만 그런 게 아니에요. 가령, 나는 마이클 잭슨을 굉장히 좋아했어요. 그의 사망 소식을 들었을 때는 정말 슬펐죠. 플라멩코 댄서 파루키토도 좋아해요. 하지만 이유를 설명할 순 없어요. (갑자기, 그녀는 화를 낸다.) 내가 느끼는 것을 설명하라고 강요하지 말아요.

올리비에　피아니스트 유라 귈러Youra Guller도 플라멩코를 쳤었지요…….

아르헤리치   (미소를 지으며) 아, 맞아요. 피아니스트로서도 굉장한 사람이었어요. 무려 호로비츠가 좋아했던 피아니스트예요. 니키타 마갈로프Nikita Magaloff도 좋아한다고 그랬고요. 유라 컬러의 피아노는 금빛 음색을 지녔어요. 그녀는 결혼 후 제네바에 살면서 피아노를 그만두고 전설적인 아르헨티나 댄서와 함께 플라멩코를 가르치는 일을 했어요. 아시아 순회공연까지 했다니까요. 심지어 누가 미셀 시몽*에게 유라 컬러를 아느냐고 물었더니 "아, 압니다, 댄서잖아요"라고 대꾸했대요.

유라 컬러는 말년에 다시 연주회 무대에 섰어요. 런던과 뉴욕에서 스트라빈스키의 〈페트루슈카〉처럼 난도가 높은 작품들로 공연을 했지요. 그녀는 굴다와 생일이 5월 16일로 같아요. 고향은 당신과 같아요, 마르세유!

올리비에   니키타 마갈로프는요? 러시아 귀족이었죠?

아르헤리치   맞아요, 하지만 본인은 그런 말을 하지 않았어요. 사실이었기 때문에 말을 안 한 거예요. (웃음) 그의 삼촌이 프로코피예프의 후원자였어요. 프로코피예프는 그의 어머니에게 피아노를 가르쳤고요. 니키타 마갈로프를 처음 만

* 프랑스의 배우.—옮긴이 주

낳을 때 나는 그가 피아니스트인지도 몰랐어요. 마들렌 리파티가 그에게 내 연주를 들어보라고 했는데 그가 자기 아내—바이올리니스트 요제프 시게티의 딸이에요—에게 이러는 거예요. "이렌, 이 아가씨 피아노 치는 것 좀 봐!" 나는 그가 음악 애호가인가 보다 했어요.

그러다 어느 날 그가 피아노를 치기 시작했고 나는 그제야 그가 위대한 피아니스트라는 걸 알았죠. 그가 왜 내 연주에 놀라워했는지 이해가 안 갔어요. 마들렌 리파티, 그러니까 당시 디누 리파티가 죽고 혼자 남은 리파티 부인은 나에게 연주가 너무 빠르다고 지적했어요. 그녀는 "사람들이 널 좋아해 주기를 바라지 않니?"라고 했죠. 그런데 니키타가 나 대신 대답을 해줬어요. "마들렌, 경주마에게 달리지 말고 속보로만 전진하라고 할 순 없죠." 당연히, 나는 곧바로 니키타에게 매료되었어요. 하지만 그도 내가 쇼팽의 〈피아노 소나타 3번〉 첫 악장 두 번째 테마를 탱고처럼 친다고 뭐라고 했죠.

올리비에   선생님은 바이올린과 바이올리니스트에게도 푹 빠지시 잖아요.

아르헤리치   그래요, 바이올린은 아주 어렵고 섬세하고 표현력이 뛰어난 악기예요. 나는 이브리 기틀리스, 기돈 크레머를 좋

대기실에서 대화하고 있는 아르헤리치와 이브리 기틀리스

아해요.

올리비에 요즘은 젊은 음악가들에게 예전만큼 관심을 두지 않으시는 것 같아요.

아르헤리치 얼마 전부터 나이 든 음악가들을 위한 일종의 '음악인 클럽'을 만들 생각을 하고 있었거든요. 나와 나보다 더 나이 많은 음악가들을 포함해서, 세계 어딘가에 우리끼리 모여 사는 공간을 마련하고 싶어요. 피아노가 여러 대 있고, 의료진도 상주하는 양로원 같은 기관. 그곳은 도시에 있어야 해요. 그게 중요해요. 세상으로부터 고립되지 않아야 하고, 활동도 필요하니까. 밀라노의 카사 베르디와 비슷한 곳. 카사 베르디는 크게 성공하지 못한 노년의 가수들을 위해 세워진 곳이었죠. 내가 여기저기 얘기하고 다니는데 주위에서 다들 좋은 생각이라고 하네요. 하지만 지금은 그냥 막연한 계획에 불과해요.

지금은 내 이야기를 별로 하고 싶지 않아요. 당신은 이게 생각나느냐 저게 생각나느냐 물어보지만 나는 유창하게 말하고 있는 것 같지 않아요. 괜한 변덕 부리는 게 아니라, 안 되는 걸 어떡해요. 내가 정치인이라면 어떻게든 말을 잘해보려고 하겠지만 소통이 잘 안 되네요. 내가 무슨 고슴도치 같아요. 나는 남들의 사연에 너무 골몰해 있어요.

이제 나 자신을 찾아야겠어요. 그리고 나 연습해야 해요.

나는 이 인터뷰가 좋다. 마르타는 컨디션이 좋지 않았지만 자기 이야기를 들려줬다. 기진맥진한 와중에도 뭔가 특별한 것을 보여주고야 마는 배우들처럼. 나는 심지어 이런 생각까지 했다. 써먹을 수 있는 이야깃거리가 더 생겼는데 책이 이미 나와버려서 아쉽네.

마르타는 나와 생각이 다르다. 그녀는 이 인터뷰가 출간되거나 방송되기를 바라지 않았다. 막스 브로트가 카프카의 유언을 따르지 않았듯이, 나 또한 그녀의 바람을 따르지 않았다. 용서받으리라는 확신이 있었기에 그럴 수 있었다.

옳지 않은 일이다. 그래, 맞다. 하지만 예술에서 '옳음'은 기준이 아니고 미덕도 아니며 계명은 더더욱 아니다.

그리고 다소 사교성 없는 피아니스트들의 이야기를 듣기는 들어야 하는데 그들을 인터뷰하기가 어디 쉬운가. 프로모션 차원에서 사전에 합의된 자리에서나 그들이 하는 얘기를 들을 수 있을 것이다. 그런 건 재미없다!

파리에서의 인터뷰
- 2019년

내가 하던 라디오방송이 없어진 후 마르타에게 인터뷰를 한번 해주지 않겠느냐고 청했다. 내가 그렇게 단도직입적으로 말한 것은 처음이었다. 마르타는 곧바로 그러겠다고 답을 주었다.

파리에 들른 마르타는 그녀의 작은 집에 머물고 있었다. 파리는 살인적으로 더웠다. 여름이었다. 그녀는 함부르크에서 왔고 곧 아메리카 대륙으로 건너가야 했다. 나는 거리 한복판에서 얼이 빠진 얼굴로 걷고 있던 그녀와 마주쳤다. 마르타는 나에게 집에 먼저 들어가 있으라고 했다. 현관 비밀번호를 알고 있었느냐고? 그렇다. 마르타의 손자 뤼카가 곧바로 도착했다. 뤼카는 키가 농구선수만 하고 식욕은 아귀처럼 왕성하다. 뤼카에게 뭔가를 먹여야 했다. 상황이 이해되는가? 나중에 뤼카는 나에게 고백했다. 그 집 냉장고에 몇 주째 처박혀 있던 것들을 집어 먹고 식중독에 걸릴 뻔했다고.

집 안은 세베소* 폭발 사고 현장 저리 가라 할 만큼 난장판이었다. 엉덩이 붙일 자리조차 찾을 수 없었다. 결국 우리는 2층으로 올라가 마

115

르타의 침대에 걸터앉았다. 침실을 다 차지하고 있던 대형 캐리어 세 개도 터지기 일보 직전이었다. 인형, 옷, 온갖 종류의 물건은 프레베르식의 상상력 넘치는 '일람표**'조차 밋밋하고 뻔하게 만들 지경이었다.

올리비에   최근에 차이콥스키의 〈피아노 협주곡 1번〉을 연주하셨는데요.

아르헤리치   아! 함부르크에서요. 매일 연주를 했는데 그날그날 작품이 달랐어요. 게다가 항생제를 계속 복용 중이었죠. 하지만 나는 그 차이콥스키 '1번'을 좋아하지 않았어요. 멘델스존 삼중주와 세르게이 바바얀과 함께 그의 편곡으로 연주한 〈로미오와 줄리엣〉이 좋았어요. 그리고 샤를 뒤투아가 지휘하는 마린스키 오케스트라와 스트라빈스키의 〈결혼〉을 협연했지요. 〈병사의 이야기〉는 내 딸 아니가 내레이터를 맡았고요……

•   이탈리아 롬바르디아주의 도시. 1976년 이크메사 공장 폭발 사고로 유독성 화학물질이 대량 유출되는 참사가 있었다.—옮긴이 주

••   「일람표Inventaire」는 자크 프레베르의 시 제목이다. '프레베르식 일람표'는 아무 관계도 없어 보이는 사물들의 나열을 뜻하는 관용표현이 되었다.—옮긴이 주

나는 똬리를 튼 뱀처럼
무슨 일이 일어날지 기다리기를 좋아해요.

올리비에   선생님은 전형적인 틀에서 벗어난 연주회를 좋아하시죠.

아르헤리치   그래요. 놀라움을 기대하거든요. 나 자신에게 놀라는 것
도 포함해서요……. 무슨 일이 일어날까, 나에게 어떤 일
이 닥칠까, 나는 어떻게 될까를 호시탐탐 기다리죠. 계획
도 없이 그냥 기다리는 거예요……. 나는 똬리를 튼 뱀처
럼 무슨 일이 일어날지 기다리기를 좋아해요. 난 그런 게
필요해요. 부산 떠는 건 나랑 안 맞아요. 나는 대체로 그
리 활동적인 편이 아니에요.

올리비에   아니, 그런 옥타브를 치시면서 무슨 말씀이세요? 그것도
일흔여덟 살에!

아르헤리치   괜찮았나요? 아, 그래요. 사람들은 항상 내 옥타브를……
특별하다고 했지요. 피아노를 치기 시작한 후로 늘 그랬
어요. 내 연주는 빠르죠, 그건 사실이에요. 앞으로도 계속
그렇게 칠 수 있으면 좋겠어요……. 의사가 내 근육량이
10퍼센트 빠졌다고 하더군요. 전에는 옥타브가 겁났어요.
'내가 뭘 할 수 있을까?' 생각했지요.

올리비에   예전보다 더 잘 치시는데요. 항상 더 완벽해지려고 노력
          하시나요?

아르헤리치   그럼요, 노력하지요. 나는 언제나 그렇게 해왔어요. 꼭 내
          가 좀…… 늙고 나서부터 그러는 게 아니라고요! 예전보
          다 낫다는 말을 곧잘 들어요……. 정말 다행이지요. 어쩌
          면 좀 더 풍부해지긴 했는지도……. 어쨌든 예전과는 달
          라요. 내가 옛날에 녹음한 음반을 들으면 뭔가 좀……
          '신랄한' 느낌이 들어요. 더 쨍하다고 할까. 그것도 마음
          에 들어요. 지금은 더 둥글둥글하고 감싸는 느낌이죠.

올리비에   저는 선생님 연주가 더 자연스러워졌다고 생각해요. 전
          에는 더 뜨겁게 타오르고 더 '내가 아르헤리치다'라는 느
          낌이었죠. 지금은 작품이 보이는…….

아르헤리치   아, 그런가요? 그럴지도 몰라요. 하지만 나는 한 번도 '사
          람이 숭배받는' 예술가가 아니었어요. 어쨌든 우리는 창
          작자가 아니라 해석자일 뿐이죠. 음악에 대해서 겸손해
          야 해요. 나는 항상 그렇게 생각했어요. 그런 면에서는 예
          전이 지금만 못했는지도 모르겠네요. 프리드리히 굴다는
          자신이 '화가'가 아니라 '사진가' 연주자라고 했어요. 당
          시에 굴다처럼 '사진'을 찍기에는 나의 장비가 턱없이 부

족했을 테지만 나 역시 굴다처럼 되고 싶었어요. 음, 나는 나를 대단하게 생각한 적이 없는 사람이에요.

올리비에 예술가를 노리는 유혹이 있지요. 성공을 거두면 '천재'로 살고 싶은 유혹이랄까요?

아르헤리치 내가 보기엔 '천재'라는 말을 너무 남발하는 것 같아요. 예술가가 성공을 거두면 자기 모방의 위험도 있지요. 아니면, 시간이 부족해서 자기를 모방하게 되기도 해요. 자기 소리를 듣고 그대로 재현하는 거죠……. 유혹적인 지름길이에요. 자신에게나 다른 사람들에게나 그건 아주 드물거나 예외적인 일이 아니랍니다. 신선함을 되찾는 것, 그게 관건이에요.

올리비에 그건 의식적일까요, 무의식적일까요?

아르헤리치 모르겠어요. 연주를 할 때는 의식이 있죠. 신체도 있고요. 연주는 꿈이 아니라 현실에서 일어나는 일이에요. 가끔은 자기가 하는 일에, 거기서 나오는 것에 놀라요. 물론, 구상하고 생각하기야 진즉부터 했지만 선율은 그 안으로 파고 들어가요. 항상 어떤 새로운 요소가 모든 것을 뒤엎어버리죠. 이따금 예상도 못 한 일이 일어나도 어떻게든 거기에 맞춰서 해내죠.

어떤 예술가는 우연을 질색해요. 일례로 내가 정말 대단하게 생각하는 피아니스트 아르투로 베네데티 미켈란젤리는 마치 조각가 같았어요. 같은 작품을 열흘이나 보름 뒤에 연주해도 거의 똑같이 들렸어요. 반면, 내가 좋아하는 또 다른 피아니스트 호로비츠는 연주를 할 때마다 다르게 들렸고요.

올리비에   어쩌면 호로비츠는 작곡가 같았고 미켈란젤리는 동양의 승려 같았기 때문에…….

아르헤리치   그건 기질의 문제이기도 해요. 위험을 무릅쓸 줄 아는 취향의 문제이기도 하고. 내 안에는 늘 그게 있었어요. 내 취향에도 맞고요.

나는 대체로 '분리'를 좋아하지 않거든요.
오히려 어떤 것을 다른 것에 '덧붙이기' 좋아하지요.

올리비에   카티아 부니아티슈빌리Khatia Buniatishvili를 둘러싸고 격렬한 말이 오가는데 어떻게 생각하세요? 그녀의 패션이라든가, 매력이라든가.

아르헤리치 카티아는 대단한 재능을 지녔어요. 유자 왕Yuja Wang도 마찬가지죠. 둘 다 아주 화사하고 예쁘지만 중요한 건 재능 있는 예술가라는 거예요.

올리비에 마리아 조앙 피레스Maria João Pires는 음악과 엔터테인먼트를 분리해야 한다고 했는데요.

아르헤리치 나도 기사로 봤어요……. 호로비츠는 자기가 '엔터테이너'라고 했는데요. (웃음) 그래서요?

올리비에 장르를 분리해야 한다는 입장이 아니시군요.

아르헤리치 나는 대체로 '분리'를 좋아하지 않거든요. 오히려 어떤 것을 다른 것에 '덧붙이기' 좋아하지요. 나는 혁명을 좋아하지 않고 진화를 선호해요. 기존의 것으로 끊임없이 변화를 도모하고 결코 배척하지 않을 것. 그게 가능해야만 해요, 그렇잖아요?

올리비에 그러니까 너무…….

아르헤리치 교조적으로 굴어선 안 돼요. 안 되고말고요. 뭐, 그리고 싶은 사람들은 그러라고 해요. 나는 상관없어요. 나는 어차피 그럴 수 없는 사람이에요.

올리비에   선생님은 마리아 조앙 피레스와도 연주를 하셨죠…….

아르헤리치   그때 굉장히 좋았어요. 마리아는 자연스럽고 논리적이에요. 그녀는 자기가 원하는 걸 알아요. 그녀와 함께 연주한 슈베르트의 〈환상곡〉은 내가 그 작품으로 했던 무대 중 최고였어요.

올리비에   둘이 함께 연주할 때는 누가 주도를 합니까?

아르헤리치   경우에 따라 달라요.

올리비에   리더 역할을 좋아하세요?

아르헤리치   아뇨, 전혀요. 나는 그런 타입이 아니고요, 오히려 정반대예요. 전에도 말했지만 나는 관계에 있어서 그리 '적극적인' 편이 아니거든요.

올리비에   따라가는 편이 더 잘 맞나요?

아르헤리치   실은, 나도 적응을 하고 상대도 나에게 적응을 하는 거죠. 나는 대화를 좋아해요. 단, 위계가 없어야 하고, 명령하는 사람도 없어야 해요. 그런 건 음악하고는 상관없어요. 우정과도 상관없어요.

콩쿠르에 여성 출전자가 있으면 주의 깊게 봐요.
아무래도 여성이 더 적으니까 관심이 가지요.

올리비에   선생님은 페미니스트인가요?

아르헤리치   카티아가 그렇게 말하더군요. 그녀가 한 인터뷰에서 나를 최초의 페미니스트 피아니스트로 지목했다는 건 알아요. 하지만 정확히 무슨 뜻으로 한 말인지는 모르겠어요. 내가 행동하고, 살아가고, 연주하는 방식 때문에?

올리비에   쇼팽 콩쿠르에서 러시아의 율리아나 아브제예바Yulianna Avdeeva가 우승함으로써 선생님은 드디어 여성 우승자가 나왔다는 사실이 기쁘셨겠어요. 예술계에서 여성이 원칙적으로 보호받아야 한다고 생각하세요?

아르헤리치   아뇨! 훌륭한 재능이 있고 보호해야 할 사람이면 보호하는 거예요. 단지 여성이라는 이유로 그러는 건 아니죠……. 내 딸들이 내가 여자들하고 마음이 잘 맞는 편은 아니라고 주장하는데요. (웃음) 딸들하고는 잘 지내는데

개들이 그러더라고요. 콩쿠르에 여성 출전자가 있으면 주의 깊게 봐요. 아무래도 여성이 더 적으니까 관심이 가지요. 빈에서 어떤 소녀가 릴리이 쥘버스티인Lilya Zilberstein괴 니에게 여성이기 때문에 커리어를 만들기가 더 어렵지 않느냐고 질문했어요. 나는 그렇게 생각해보지 않았어요. 릴리아도 나와 마찬가지였고요. 내가 여성이라는 이유로 문제를 겪었던 적은 없어요.

올리비에   선생님은 늘 콩쿠르를 좋아하셨나요?

아르헤리치   나는 음악원에 다닌 적이 없기 때문에 콩쿠르에 나가는 것이 그나마 '일반적으로 하는 일'에 해당했어요. 나는 학교에 다닌 적도 없어요. 그게 아마 내가 아쉬워했던 경험일 거예요. 콩쿠르 지원은 대개 어머니가 하셨어요. 첫 콩쿠르는 열여섯 살에 나갔는데 그때만 해도 아직 앳되었어요.

올리비에   본인이 다른 사람들하고 비슷한 것 같아요, 다른 것 같아요?

아르헤리치   사람은 다 달라요.

올리비에   잘 피해가시네요……

아르헤리치 　나는 나에 대해서 말하는 게 힘들어요. 사람들은 항상 제
　　　　　삼자에 대해서 말하는 것 같아요. 당신은 내가 회피한다,
　　　　　빠져나간다, 자기를 숨긴다, 라고 하겠지요. 어쩌면 그 말
　　　　　이 맞아요. 하지만 나는 우리가 말하는 모든 것이 완전히
　　　　　맞지는 않은 것 같아서요. 이러이러한 것을 말한다고 해
　　　　　서 그게 꼭 내가 느끼는 '그대로'는 아니란 말이에요. 생
　　　　　각이 말로 고정되면 약간은 거짓이 되어버리죠. 그렇기
　　　　　때문에 나는 늘 탐색을 하려고 하는데…….

올리비에 　선생님이 곧잘 문장을 끝맺지 않는 이유가 바로 그거군
　　　　　요. 늘 진실하게 남기 위해서!

아르헤리치 　(웃음) 그거 좋네요, 인정. 당신은 여러 예술가와 인터뷰
　　　　　를 했지요…… 피아니스트들도 많이 만났고요…… 이보
　　　　　포고렐리치Ivo Pogorelić라든가……. 당신 방송을 무척 좋아
　　　　　해요. 파리에 있을 때는 거의 매일 들어요.

올리비에 　괜히 평범한 척하시려고 그러는 것 같거든요?

아르헤리치 　그래서, 내 시도가 성공했나요? 실패? (웃음) 내가 좋아하
　　　　　는 예브게니 키신Evgeny Kissin이 인터뷰에서 이러더군요. 어
　　　　　렸을 때는 다른 사람들처럼 되려고 노력했다, 그러던 어느

날 시를 읽다가 "내가 '나'가 아니라면 누가 내가 될까?"*라는 구절을 발견했다, 그래서 자기 자신이 되기로 결심했다. 하지만 그런 것두 다 착각이죠, 그렇지 않나요?

살아 있음이 행복해요.
사는 게 좋아요. 여기 있다는 게 좋아요.

올리비에   마르타 아르헤리치로 사는 게 힘들어요?

아르헤리치   아뇨. (웃음) 아뇨, 그렇진 않아요.

올리비에   그럼, 왜 가끔 기분이 저기압이 되고 그러는 거예요?

아르헤리치   그래 보여요? 오늘?

올리비에   아뇨, 오늘은 아닙니다.

아르헤리치   그게요, 나는 스트레스를 많이 받아요. 일례로, 무대에 오르기 10분 전 대기실에 누가 찾아오면 정말 싫거든요. 사람들이 날 보러 와서 의자 위에 외투를 턱 하니 내려놓

•   헨리 데이비드 소로의 문장.

고, 그런데 나는 당장 옷을 갈아입어야 하고…… 진짜 이제 곧 올라가야 하는데……. 나는 시간을 활용하는 방식이 다른 사람들과 달라요. 그래요, 그게 문제예요. 그래서 충돌이 일어나는 거예요. 시간 차의 문제라고 할까. 다른 사람들이 슬슬 긴장을 풀 즈음, 나는 빠릿빠릿 돌아가기 시작해요. 그리고 나는 참을성이 부족한 것 같아요.

올리비에 　선생님은 오라가 강한 사람인가요?

아르헤리치 　젊었을 때는 심각한 얼굴을 하고 다녔죠. 지금은 잘 웃어요. 전에는 출입국심사에서 잠시 붙잡혀 있기도 하고 그랬어요. 내가 그렇게 이상했나, 테러리스트처럼 보였나 싶어요. 지금은 그렇지 않아요.

올리비에 　모르는 사람이 선생님을 빤히 보면 어떤 생각이 드세요? '저 사람이 나한테 관심이 있나?' 싶나요, 아니면 '나를 아는 클래식 음악 애호가인가?' 싶나요?

아르헤리치 　누가 나에게 "혹시 피아니스트 마르타 아르헤리치입니까?"라고 물어보면 "아뇨, 나는 마르타의 동생 마리아예요"라고 대답해요. 마리아도 실제로 내 이름이니까 완전히 거짓말이기만 한 건 아니죠. 한번은 일본에서 백화점에 갔는데 아이 둘이 나를 알아보고 다가오는 거예요. 하나는 열 살, 다른 하나는 열세 살이라는데 그게 어찌나 기쁘던지. 누가 나에게 "당신의 팬입니다"라고 하면 난 뭐라고 해야 할지 모르겠어요. 그렇지만 애들은 달라요.

올리비에   행복하세요?

아르헤리치   그래요, 이 순간은. 왠지 모르겠지만 행복하네요. 피곤하기는 엄청 피곤한데 말이에요. 살아 있음이 행복해요. 사는 게 좋아요. 여기 있다는 게 좋아요. 내 안에는 항상 이 마음이 있었어요. 그래요, 죽음을 마주해봤어요. 나는 정말 아파서 죽을 뻔했어요. 하지만 이제 거의 잊었어요. 저 세상으로 떠난 사람들이 많아요. 친구들, 남동생, 어머니, 너무도 소중한 사람들이 떠나갔죠. 아주 체념한 건 아니지만 사람들 말마따나 '맞서야지' 어쩌겠어요. 생각만 하는 건 아무짝에도 소용없죠.

올리비에   선생님이 행복할 때는 이유가 있나요?

아르헤리치   때로는 그래요. 그게 아니어도 '이유'를 찾으려면 찾을 수 있죠. 내 딸 스테파니가 한번은 이러더군요. "엄마, 나 사랑에 빠졌어." "아, 그래? 누구랑?" 스테파니가 뭐라고 했는지 아세요? "아무도 없어. 하지만 난 사랑에 빠졌어!" 행복하다는 감정도 얼추 비슷하지 않아요? 새로운 시작을 영원토록 다시 산다는 건 정말 멋져요. 그렇게 생각하지 않나요?

올리비에   선생님이 영원할 것 같은 기분이 드세요?

아르헤리치   아뇨. 전에는 그렇게 생각했어요. 서른 살까지는. 그 후에도 그러면 제정신 아닌 거죠, 마법적 사고……

올리비에   내세가 있다고 믿으세요?

아르헤리치   어휴……! 나는 가까운 사람들을 떠나보내면서 죽음은 쉽다는 걸 알았어요. 힘든 건, 빈자리죠, 영원히 채워지지 않는 빈자리……. 어쩌면 뭔가가 있는지도 몰라요. 우리가 감지하지 못해서 그렇지, 평행적인 노선들이 존재할 수 있다고 생각해요. 내가 지금은 이해하지 못하는 것을 느끼고 경험할 순간이 올지도 모르죠. 나는 삶에 욕심이 있어요. 호기심도 못 말리죠. 그래서인가, 아직도 발견할 것들이 남아 있는 것 같아요. 아주 가까이에 있지만 미처 알지 못한 것들이.

올리비에　　그런 생각이 선생님의 음악에 도움이 되나요?

아르헤리치　무론이죠. 그런 생각은 나의 일부고, 나는 연주를 하는 사람이니까…….

올리비에　　죽음이…… 자신의 일이라고 느꼈을 때 선생님은 아주 어린 나이였다고 하셨죠.

아르헤리치　맞아요, 아주 어릴 때예요. 수도원에 들어가서 죽음을 길들여야겠다고 생각했어요. 그러니까 내 말은, 죽음을 더는 두려워하지 않게 될 거라고요. 실상은 그게 아니더라고요. 왠지 모르지만 당시에는 죽음에 그 정도로 민감했어요. 처음 죽음을 보았던 곳은 부에노스아이레스였죠. 누군가가 살해당하는 현장을 봤어요. 그 사람이 막 뛰어가다가 넘어졌어요. 그때 내가 여덟 살이었나, 아홉 살이었나. 하여간 아주 어린 나이에 죽음의 고통을 본 거예요. 지금도 나는 그런 건 못 참아요. 그래서 유럽에서 사는 게 행복한지도 몰라요. 여기선 더 이상 법의 이름으로 사람을 죽이지는 않으니까요. 바댕테르 씨* 덕분인가요? 근사해요.

* 사형제 폐지 운동에 앞장섰던 법학자이자 법무부 장관을 지냈던 로베르 바댕테르(Robert Badinter)를 가리킨다.—옮긴이 주

모두가 자기 의견을 내놓는 이 혼란 속에서,
아무 말 하기와 권력에 맹목적으로 복종하기 중
하나를 선택하라면 어느 쪽을 택하겠어요?

올리비에   선생님은 늘 사회적 의식이 있는 편이었나요?

아르헤리치   그랬기를 바라요.

올리비에   자신 없으세요?

아르헤리치   세상일이 어떻게 돌아가는지 이해하고 싶지만 충분치 않죠.

올리비에   선생님이 적극적인 투사는 아니시죠…….

아르헤리치   그렇죠.

올리비에   미투운동에 대해서는 어떻게 생각하세요? 자유롭게 터져
나오는 말을 좋게 보시나요, 아니면 부당한 면이 있다고
보시나요?

아르헤리치   부당함이야 언제나 있죠. 이미 고인이 된 사람들에게 마
땅치 않은 폭로도 있었고요. 레너드 번스타인의 딸이 일

곱 살, 여덟 살 때까지 아버지가 자기 입술에 키스를 했다고 말한 것도 그래요. 그런 얘기를 도대체 왜 하는 거예요?

올리비에 스티븐 코바세비치는 당신이 '정의부' 장관이 되면 기막히게 잘할 거라고 했어요.

아르헤리치 어머, 그래요? 나는 이해하려고 노력하는 사람이에요. 이해하는 것과 받아들이는 것은 달라요. 위대한 프랑스 작가가 대충 이런 문장을 썼는데요. "이해하든가 행동하든가, 선택을 해야 한다." 그 작가가 발레리였나, 지드였나…… 아니, 클로델인가요?

올리비에 선생님은 행동하기보다는 알기 위해 노력하는 편인가요?

아르헤리치 긴급 상황이 아니라면요. 당장, 여기서 일어나는 일이 아닌 이상.

올리비에 피해자 자처하기가 국민 스포츠가 되어가는 것 같기도 해요.

아르헤리치 그게 이 시대예요. 어떤 프랑스 철학자가 그랬어요. "우리

는 모두 자기 목소리를 내고 싶어 하지만 할 말이 아무것
도 없다." 모두가 자기 의견을 내놓는 이 혼란 속에서, 아
무 말 하기와 권력에 맹목적으로 복종하기 중 하나를 선
택하라면 어느 쪽을 택하겠어요? 개인적으로는 프랑스의
정신, 비판 정신을 좋아해요.

올리비에   늘 한쪽에는 순한 양들이 있고 다른 쪽에는 반항하거나
반발하는 사람들이 있겠죠?

아르헤리치   우리 엄마는 회의에 들어와서 이렇게 말하는 사람이었어
요. "당신들이 무슨 말을 하는지는 모르겠지만 난 반대예
요." 엄마는 법학을 공부하고 싶어 했지만 그럴 수 없었
죠…….

난 연습을 점점 더 많이 하고 있어요.
로스트로포비치는 크게 도약하기 전의
마지막 전력 질주라고 했어요.

올리비에   인생에 피아노밖에 없어서 괴로우세요?

아르헤리치   많은 것을 하고 살았으면 좋았을 거예요. 시간이 좀 더
있으면 좋겠고요. 내 문제는 시간이에요. 이제 나도 나이

가 있는데 이 나이가 되어서도…….

올리비에   그런 말씀도 우아하게 하시네요.

아르헤리치   내가 무슨 말을 할 수 있겠어요? 울기라도 해요? 나이 듦
에도 장점이 있어야 하잖아요……. 아르헨티나에는 이런
말이 있어요. "연륜은 대머리에게 건네주는 머리빗이다."
(웃음) 너무하죠!

올리비에   사실 우리는 같은 실수를 반복하죠. 선생님은 제가 처음
뵌 이후로, 정말 늘 똑같은…….

아르헤리치   ……똑같은 말만 한다고요? 연습하기 싫다는 말만 한다
고요? 그렇지만 난 연습을 점점 더 많이 하고 있어요. 로
스트로포비치는 크게 도약하기 전의 마지막 전력 질주라
고 했어요. 자, 그러니까…… 나는 오늘도 연습을 해야 해
요. 내일 비행기로 아르헨티나에 가서 슈만의 피아노 협
주곡을 연주해야 하는데 2월 이후로 건드려보지도 않았
단 말이에요. 차이콥스키 〈피아노 협주곡 1번〉도 연주할
거예요. 난 준비를 해야 해요.

올리비에   연습은 어떻게 하세요?

아르헤리치 할 수 있는 대로 하죠! (웃음) 나도 참 어려워요. 휴가를 가야 할 것 같아요. 마음 깊이 필요성을 느껴요. 하지만 그럴 수 없죠…….

올리비에 생활에 기강이 잘 잡힌 편인가요?

아르헤리치 아뇨. 그건 아니에요. 어디서 지내느냐, 악기가 있느냐 없느냐, 이웃이 있느냐 없느냐, 일정이 있느냐 없느냐에 달렸죠. 제약이 쌓이고 쌓이면 정신이 하나도 없어요.

올리비에 새로운 작품에 들어갈 때는요?

아르헤리치 내가 아는 작품이냐, 만들어진 지 얼마 안 된 작품이냐에 따라 달라요. 최근에 셰드린의 〈피아노와 첼로를 위한 협주곡〉*을 연주했는데 녹음된 적이 없는 작품이어서…….

올리비에 음반을 들으면 도움이 돼요?

아르헤리치 당연하죠. 음악가들에게는 귀가 중요해요.

* '천지창조'를 주제로 한 루체른 페스티벌에서 미샤 마이스키와 파보 예르비와 함께 연주했다.

올리비에   모방의 위험이 있을 텐데요.

아르헤리치   네, 하지만 일단 무슨 작품을 연주하는지는 알아야 하니
까. 아이는 어른들이 하는 말을 들으면서 말을 배우죠. 나
도 그래요.

올리비에   하지만 선생님은 음반을 듣지 않아도 악보를 보면 음악
이 파악되잖아요.

아르헤리치   네, 그건 그래요…….

올리비에   음반은 음악가들의 생활에서 그렇게까지 큰 위치를 차지
하지 않잖아요?

아르헤리치   그럴지도 모르죠. 하지만 다들 음반을 듣고 비교를 해요.
그게 우리 삶이에요. 그걸 끊을 수는 없어요. 음반은 거짓
이기도 해요. 무슨 말이냐 하면, 스튜디오 녹음보다는 연
주 실황 녹음이 좋다고요.

노력은 재능에 비하면 아무것도 아니란 식으로
말하는 사람들이 있는데 내 생각은 그 반대에요.

올리비에   선생님이 생각하시기에는 무엇이 가장 중요한가요? 감성? 재능? 지성?

아르헤리치   모르겠어요……. 전체가 필요하죠. 재능은 적은 것으로 큰일을 이뤄내죠. 그런 게 재능이에요! 이해, 파악, 포착, 종합……. 지성은 좀 달라요. 천재는 한 번도 만들어지지 않았던 것들을 상상할 수 있어요.

신체적 자질도 필요해요. 빼어난 반사신경도 재능의 일부예요. 무대에 오르는 직업이라면 튼튼한 신경과 지구력도 필요하죠. 예술가 중에는 신경계의 문제로 대중 앞에서 연주를 못 하게 되는 사람도 더러 있어요.

올리비에   선생님도 예전에 무대공포증이 있었죠. 지금은 괜찮으시지만.

아르헤리치   네, 전에는 심했죠. 무대공포증이 도지면 손쓸 도리가 없어요. 나의 20년 지기 친구도 연주 무대에 서는 걸 그만뒀어요. 공포가 엄습하면 실력의 80퍼센트는 발휘가 안 됐거든요. 하지만 다른 일을 찾아서 할 수도 있고, 그렇게 사는 게 때로는 무대에 서는 것보다 낫기도 해요.

올리비에   무대공포증이란 도대체 뭐예요? 타인의 시선에 대한 두려움?

아르헤리치   그건 되게 이상해요. 완벽에 가까워지고 싶은 욕망과 해
내지 못할 거라는 두려움이 공존하죠. 자기에 대한 시선,
타인들의 시선, 다 뒤섞여 있어요.

올리비에   자부심을 느끼고 싶은 건가요?

아르헤리치   자부심이 아니에요. 오히려, 해내지 못하면 죄책감을 느
끼는지도 몰라요.

올리비에   자신의 재능, 자기 안에 품은 소망들에 부응하지 못할까
봐 두려운 건가요?

아르헤리치   그럴지도 모르죠. 그리고 자기에게 까다로운 면도 있어
요. 나는 앞으로 나아가기 위한 노력의 힘을 믿어요. 노력
은 재능에 비하면 아무것도 아니란 식으로 말하는 사람
들이 있는데 내 생각은 그 반대예요.

올리비에   자신의 재능에 대해서 죄책감을 느낍니까?

아르헤리치   왜 그런 말을 해요? 우리는 재능이 과연 무엇인지 썩 잘

알지 못해요. 재능이 신의 선물인지, 노력의 결과인지, 그 둘 다인지 그것조차 확실히 모르죠. 나는 재능이란 노력이 따라줬을 때 원활하게 발전하는 것이라고 생각해요. 어떤 사람은 그 둘을 연결하지 못하고 잘못된 길로 빠지죠. 난독증이 있는 사람들이 그런 연결의 문제를 겪는 경우가 많다고 해요.

올리비에   이런 말이 있어요. "재능은 원하는 것을 하고, 천재성은 할 수 있는 것을 한다."

아르헤리치   아! 마음에 들어요. (웃음) 요컨대, 재능은 선택을 하는데 천재성은 선택의 여지가 없다.

음악은 미스터리죠, 사랑이 그런 것처럼.
음악은 말로 표현할 수 없는 것을 느끼게 해요.

올리비에   바로 그겁니다! 선생님이 작곡가를 딱 한 명만 선택할 수 있다면 누구를 고르시겠어요?

아르헤리치   작곡가를 한 명만 고를 순 없는데…… 내가 음악을 들을 때 행복해지는 작곡가가 한 명 있다면 그건 모차르트예요. 불이 반짝 켜지는 것 같아요.

올리비에   베토벤은 왜 초기 작품만 연주하시는 거예요?

아르헤리치 전에는 작품번호 101번〈피아노 소나타 28번〉도 연주했어
           요……. 하지만 맞는 말이에요. 연습이 충분히 되어 있지
           않아요. 다 내 죄예요.

올리비에   베토벤 소나타 전곡을 어느 정도 연습하셨나요?

아르헤리치 아뇨.

올리비에   선생님의 호기심이 그쪽으로 뻗치지 않았다니 말도 안
           돼요.

아르헤리치 맞아요, 나도 알아요. 호기심이 감당 안 되게 넘쳐나지만
           음악 쪽으로는 그렇지도 않답니다. 듣는 건 당연히 좋아
           요. 하지만 연주는 달라요. 넬손 프레이레는 달라요. 그
           친구는 작품 해석을 좋아해요. 난 아니에요. 그리고 나 혼
           자 하는 건 좋아하지 않아요. 나는 약간의 자극제가, 혹은
           내게 길을 보여주든가 내가 마음대로 할 수 있게 허용해
           주는 누군가가 필요해요. 나는 뭔가를 시작하는 게 굉장
           히 힘든 사람이에요.

올리비에   선생님은 여럿이 하는 작업을 좋아하시죠.

아르헤리치   내가 학교를 못 다녀봐서 그런 게 그리운가 봐요. 남동생
이 있었는데 그 애를 정말 사랑했어요……. 그런 이유로
이토록 타인을 느끼고 싶어 하는지도 몰라요. 연습을 하
면서 책을 읽기도 하고, 라디오를 크게 틀어놓기도 해요.
그건 왜 그럴까요? 모르겠어요.

올리비에   고독이 부담스러운가요?

아르헤리치   가끔은 오히려 좋아요. 하지만 연습을 할 때는 뭔가 이유가
필요해요. 어렸을 때는 어머니가 피아노를 치려고 의자에
앉으면 내가 막 어머니를 밀어내고 피아노를 쳤어요. 꼭 그
럴 때만 피아노를 치고 싶더라고요. 지금은 이웃집에 연주
자들이 살아서 좋아요. 그들이 연주하는 소리가 들리면 나
도 '이제 연습해야겠다'는 생각이 들어요. 좋은 자극을 받는
거예요. 나는 '누구처럼 하고' 싶어요. 그냥 하는 건 말고.

올리비에   공항이나 기차역에 피아노를 두는 건 어떻게 생각하세요?

아르헤리치   아, 좋죠.

올리비에   그런 피아노를 연주해보신 적도 있나요?

아르헤리치   이따금, 그냥 한번 쓸어보는 정도? 대개는 다른 사람이 치고 있기 때문에 나한테 기회가 안 와요……. 그리고 나는 늘 공항이나 역에 늦게 도착하는 편이라 그럴 시간이 없어요.

올리비에   파브리스 루키니*가 음악은 아마추어리즘을 용납하지 않는다고 했어요. 글렌 굴드 아니면 다 의미 없는 거라고요.

아르헤리치   엘리트주의네요. 좋아하지 않아도 멀리까지 나아갈 수 있어요.

올리비에   선생님이 생각하는 가장 큰 불행은 뭔가요?

아르헤리치   죽음.

올리비에   선생님 자신의 죽음이요?

아르헤리치   그것도…….

---

*   프랑스의 영화배우.—옮긴이 주

올리비에   음악은요?

아르헤리치   음악은 미스터리죠, 사랑이 그런 것처럼. 음악은 말로 표현할 수 없는 것을 느끼게 해요. 다른 방식으로는 표현할 수 없는, 아주 강력하고 본질적인 것을요. 만약에 음악이 없다면 결코 이야기될 수 없을 것이지요. 그걸, 나는 깊이 느껴요……

단상들

마르타 아르헤리치라는 이름을 프랑스어로 발음하면 극적인 매력이 사라진다. 그러한 매력이 좀 더 자유롭고 노래하듯 톡톡 튀는 악센트의 외국어에서는 그 이름에 신비를 더한다. 그래서 외국인은 당신이 말하는 예술가가 누구인지 감을 못 잡다가 번득 깨달았다는 듯 발음을 수정하는 것이다. "아! 마아아아아르타 말이군요!"

그러면 이제 당신 쪽에서 익숙했던 사람과는 다른 사람을 발견할 차례다(뭐, 격렬한 폭우에도 익숙해질 수 있다면 말이지만). 당신이 볼테르의 언어가 마련해놓은 척도에 편리하게 기대어왔음을 깨달을 차례.

이 '마아아아아르타' 안에 섬세한 영혼들에게 음악이 선사하는 다정한 감동이 있다. 강제로 훔쳐낸 시간이 정념에 허락된 현기증 속에 걷잡을 수 없이 펼쳐진다. 그리고 이 흔들림, 유예된 목질의 떨림은 그녀의 음악성의 고유함이자 본성이다. 이윽고 마지막 음절이 아쉬움을 남기며 허공을 떠난다. 셰익스피어의 표현대로 "번민하며 죽어

간다.” 수석 무용수의 완벽하게 제어된 착지처럼 부드러운 툭 소리
와 함께 내려앉는다. 무용수는 꽃술을 그리듯 연속으로 도약을 선보
이고는 무대 앞에서 일어나 겸허하면서도 의기양양한 팔을 극장의
가장 높은 관람석으로 펼친다.

프랑스어의 절묘함은 이름 중간의 ‘r’을 침식하고서도 여전히 약동하
는 이 아라베스크에 감상적 의미를 더한다는 데 있다. ‘마Ma, 나의’,
‘타Ta, 너의’•, 달리 좋게 말하자면 ‘우리의 것La nôtre’이다. 혹은, 이성
적이면서도 마음을 흔들어놓는, 왕의 아름다운 정원을 설계한 ‘르노
트르Le nôtre’를 떠올릴까.

전반적으로, 이름만으로도 이 신비로운 여신을 가리키기에는 족하
다. 두 입술이 만나는 양순음과 처음의 뚜렷한 대조, 그리고 첫 번째
모음이자 가장 영광스러운 모음은 마치 자매처럼 흡사하면서도 서로
구분되는 두 개의 카리아티드••같다.

여기서 성姓이 조련사의 채찍처럼 허공을 가르며 굽이치다가 경기장
의 모래판을 때린다. 아르헤리치. ‘아르art, 예술’, ‘게르guerre, 전쟁’,
‘아르게arguer, 논증하다’, ‘시슈Chiche!, 두고 봐!’ 같은 단어들이 들린
다.••• 독일어의 ‘이히Ich, 나’가 막판에 입을 열고 기만적인 객관성, 겁

•　　Martha라는 이름을 프랑스식으로 읽으면 r이 들리지 않아서 ‘마타’처럼 들린다. 프랑스
어에서 ‘ma’는 여성형 명사 앞에 붙은 소유형용사 ‘나의’, ‘ta’는 소유형용사 ‘너의’에 해
당한다.—옮긴이 주

••　 기둥을 대신하거나 떠받치는 여인상 조각.—옮긴이 주

•••　Argerich라는 성을 프랑스식으로 읽으면 ‘아르게리슈’에 가깝게 들린다.—옮긴이 주

많은 복수複數 혹은 모호한 합의 뒤에 숨기를 거부한다면 또 모를까.*
눈살을 찡그리면 활시위를 당기는 사냥꾼 다이애나의 팬터마임이 보인다. 그녀는 공모자 같은 미소를 띠고 있거나 이교도들의 춤 동작처럼 주먹을 쳐들고 있다. 투쟁으로의 우아한 초대. 그러나 놀이를 좋아하는 마음의 번덕스러운 권리와 자유분방한 익살은 퇴색하지 않는다. 이 모든 것을 마르타 아르헤리치라는 이름에서 들을 수 있고 읽어낼 수 있다.

하지만 감질나는 편지 주고받기 비슷한 짓거리는 이쯤 하고 구두口頭에서 기록으로 넘어가는 과정 외에는 아무런 필터도 없이 생생한 그녀의 음성을 들어보자. 요컨대, 장대한 유적지를 여러분 자신의 리듬에 맞게 둘러볼 수 있는 팁들이 여기 망라되어 있다. 얼마든지 시간을 들여도 괜찮다. 밤을 새면 또 어떤가.

가이드는 침묵하련다. 길에 표지판을 마련해두는 정도로 만족한다. 행여 그녀의 사람됨에 이끌려 길을 잃거든 스탈 부인이 마리 앙투아네트에 대해서 했던 말을 기억하라. "그녀는 상냥해요. 그녀가 왕비라는 사실을 한시도 망각할 수 없게 하면서도 본인은 그걸 잊고 있다고 믿을 수밖에 없는, 그런 종류의 상냥함이죠."

자, 나는 이만 물러난다. 이제 연주는 여러분의 몫이다.

* Argerich의 마지막 'ich'는 독일어에서 '나'에 해당하는 일인칭 대명사다.—옮긴이 주

성격

누가 나에 대해서 어떤 판단을 말하면 나는 곧잘 그 말을 부정한다. 나는 어떤 틀에 들어가고 싶지 않다.

나는 말을 할 때 끝을 딱 맺지 않고 모호하게 남겨두곤 한다.

나는 나 자신을 방문하는 기분이 든다.

다른 사람들을 인도하는 역할은 원치 않는다. 그건 너무 부담스럽다. 사람들이 나를 바라보는 것도 싫다. 내가 바라보는 편이 좋다. 바라보는 자리에서는 뭔가를 배운다. 시선을 받는 자리에서는 아무것도 배우지 못한다. 나는 그렇다.

나는 신의가 깊은 사람이다. 누군가를 좋아하면 평생 좋아한다. 신의가 깊다고 해서 다른 사람에게 정을 주지 않는다는 뜻은 아니다. 그래서 친구들에게 원망도 많이 들었다. 커플 사이에서는 뭐, 말도 하지 말자.

나는 현실을 받아들이지 못한다. 그게 내 문제다. 시간 가는 줄 모르고 이야기 나누기를 좋아한다. 잠을 자러 가기가 싫다. 그렇게 이야기를 나눌 때면 시간이 흐르지 않는 것 같다. 시간이 흐르고 있다는 느낌이 싫다. 글쓰기는, 놀이는 시간을 멈추게 하는 방법이다. 시간의 신 크로노스는 자기 자식들을 잡아먹는다. 그래서 우리는 크로노스의 주의를 딴 데로 돌리려고 돌을 던진다.

넬손 프레이레는 그 어떤 것에도 마음 쓰고 연연하는 법이 없다. 아침을 차려주는 사람도 있고, 자기가 먹고 싶을 때 먹으면 된다. 아침 식사 후에는 산책을 나간다. 나는 장도 봐야지, 설거지도 해야지…… 집안일에 누가 거치적거리는 게 싫다. 나는 직접 하는 게 좋다. 일단, 내가 하는 편이 훨씬 낫기 때문이다. 그리고 피아노만 붙잡고 살고 싶지는 않기 때문이다. "입 다물고 예쁘게나 있어!" 하고 뭐가 다른가. 나는 요리하는 것도 좋아한다. 매일 하고 싶지는 않지만 말이다. 그리고 누가 내 시중을 들어주는 건 불편해서 참을 수가 없다.

아르헨티나에는 밤의 유흥이 있다. 시간에 개의치 않고 남의 집을 방문하고, 못 하는 말이 없고, 날것의 정신분석이 이루어진다. 나에게도 아르헨티나인다운 면이 꽤 있지만 어릴 적에는 그런 식의 "까발리기"가 싫었다. 그런 건 점잖지 못하다. 나는 정신없이 사는 사람이지만 질서 정연함에 마음이 끌린다. 클래식 피아니스트, 빈, 프랑스어, 스위스, 일본…….

어린 시절, 탁자 위에서 내 해골을 발견하는 꿈을 꾸곤 했다. 나는 뼈 없이 흐느적대는 연체동물이었다. 나는 내 뼈를 품에 안고 아버지에게 가서 다시 맞춰달라고 해야 했다. 집 근처까지 갔는데 전쟁이 일어나서 길을 건널 수 없었다.

하루는 단두대에 오르는 꿈을 꿨다. 나는 이유도 모른 채 사형선고를 받았다. 샤를리*가 말했다. "꼼짝하지 말고 있어, 내가 가서 알아보게." 당연히 나는 꼼짝할 수가 없었다. 잠시 후, 어떤 간수가 말했다. "당신이 왜 사형선고를 받는지 모르겠습니다. 이상하네요." 나는 감옥에서 마침내 인간적이고 연민 어린 행동을 발견하고서 마음이 편해졌다.

나는 요즘 나 자신이 낯설게 느껴진다. 연주를 하지 않은 지 한참 됐고, 치고 싶은 마음도 없지만, 더 이상 내가 누구인지 잘 모르겠다.

나는 10분이면 끝낼 일을 시작하는 데 3시간이 걸리고…… 그 반대이기도 하다. 게다가 나는 '엉덩이가 무겁다'. 나는 결정에 한세월을 잡아먹는다. 그리고 내가 그만 일어나야지 하면 그제야 누가 도착한다. 넬손 프레이레는 그러거나 말거나 개의치 않는다. 그 친구는 자기가 가고 싶으면 그냥 간다.

우리 쌍둥이자리는 신의 전령들이지만 인간들에 대해서는 자유롭기를 바란다.

* 샤를 뒤투아를 가리킨다.

부모님

　내 어머니는 사회주의자였고, 내 아버지는 대체로 중도우파에 표를 던졌다. 두 분은 마음이 맞았던 적이 없다. 어머니는 항상 무슨 일에든 도움을 주고 전력을 다할 준비가 되어 있었다. 나는 아마 어머니를 닮았을 것이다. 나는 늘 약자들을 생각하고 사회체계가 그들에게 호의적이기를 바라 마지않는다. 설령 그 체계를 이용해 먹는 모리배들이 있을지라도 말이다. 나는 돈의 편에 서지 않는다. 그랬던 적은 결단코 없다. 그리고 나에게 우파는 일단 돈이다. 나는 절대로 우파가 되지 않을 것이다. 뭐라고 해도 싫은 건 싫은 거다!

　어머니는 스물한 살에 나를 가졌다. 어머니는 모든 면에서 매우 특별한 분이었다. 일례로, 어머니는 자신의 남편을 친자로 인정하라고 내 할아버지에게 소송을 걸었다. 열여섯 살이 되어서는 경제학부에 입학했는데 300명 학생 중에서 여학생은 달랑 세 명이었다. 어머니는 거기서 아버지를 만났다. 어머니는 동기들보다 어렸는데도 사회당 대학청년회 회장으로 선출되었다. 낡은 군함 갑판에서 대학생 댄

스파티를 주최하기도 했다.

아버지는 급진적이었다. 매혹적인 사람이었고 철학을 좋아했다. 어렸을 때 말을 더듬었다는데도 언변이 어찌나 유창한지 별명이 '황금부리Pico de oro'였다. 아버지는 자연과 친한 사람이었고 요리 솜씨가 뛰어났다. 의사를 찾는 법이 없었고, 자기 나름의 민간요법으로 아픈 사람들을 치료해주곤 했다. 반대로 어머니는 생채기만 나도 의료진을 소집하는 사람이었다.

아버지는 수학 선생 일도 하고 회계 일도 했다. 나는 아버지 사무실에 함께 가곤 했다. 아버지는 아이를 데려오면 안 된다고 지적을 당하자 직장을 그만두었다. 아버지는 원래 그런 사람이었다. 그다지 빡빡하지 않고 호쾌한 남자. 어머니는 정반대로, 완전히 일벌레였다.

아버지는 쉽지 않은 성격이긴 해도 상상력이 풍부했다. 아이들의 상상력을 잘 키워줘야 한다는 말도 자주 했다.

어머니는 초등학교를 마치자마자 혈혈단신으로 빌라 클라라*를 떠나 부에노스아이레스로 상경했다. 원래 살던 곳에는 중등교육 기관이 없었기 때문이다. 어머니는 처음에 할머니 댁으로 갔지만 서로 불편해서 같이 살기가 힘들었다. 나중에는 외할아버지, 외할머니도 부에노스아이레스로 올라오셨다지만 나는 한 번도 뵌 적이 없다······. 어머니는 열여섯 살에 혼자 하숙집에 들어갔다. 나중에는 여동생, 남동생도 올라와서 같이 살았다. 어머니는 대학에서 경제학을 공부하

---

* 아르헨티나 엔트레리오스주에 위치한 도시. 유대인 이민자 인구 비율이 높은 곳이다.

154

고 속기술을 배웠다. 그리고 비교秘教 신앙에도 관심을 깊이 두었다.

내 어머니는 주의가 매우 산만했다. 어려서부터 혼자 지내는 시간이 많아서 그런 버릇이 든 모양이다. 어머니는 열여섯 살 때부터 나이가 많은 남자들을 앉혀놓고 속기술을 가르쳤다. 어머니는 농담을, 특히 성적 암시가 있는 농담을 도통 알아듣지 못했다. 어머니는 유머 감각이 없는 괴짜였고, 그래서 오히려 자연스럽게 웃기는 데가 있었다.

나는 내 어머니가 유대인이라는 것을 나이가 꽤 들고서야 알았다. 알베르토 뉴먼Alberto Neuman의 어머니가 그 사실을 눈치채고 내 어머니에게 직접 물었다. 어머니는 자신이 프로테스탄트라고 했다. 어머니는 왜 자기 출신을 숨겼을까? 아마도 가족들과 거리를 두고 살았기 때문에, 그리고 반유대주의가 언제 다시 기승을 부릴 지 모른다는 생각 때문에 그랬을 것이다. 어머니의 여동생 아이다 이모는 이디시어를 알았기 때문에 독일어를 배우지 않고도 대충 알아들었다. 어머니가 돌아가신 후 알베르토 다 코스타가 나에게 유대인 출신 가톨릭 사제를 소개했다. 그 사제가 페르라셰즈 예배당에서 '종교 통합적' 장례식을 집전해주었다.

내 동생 카시케는 대여섯 살 무렵에 할아버지 할머니 댁에 가서 살았다. 어머니의 말로는 그 애가 내 피아노 연습을 방해해서 떼어놓았다고 한다.

내 아버지 이름은 내 남동생 이름과 똑같은 후안 마누엘이다. 부에노스아이레스의 유명한 독재자tyran 후안 마누엘 데 로사스와 이름이 같기 때문에 우리 집에서는 '티라노'라고 불렀다.

어머니는 두뇌가 매우 명석했다. 어머니의 성姓은 엘레르Heller였다. 〈연습곡〉을 남긴 작곡가 스티븐 헬러Stephen Heller와 같다.

내 아버지는 매력이 철철 넘치는 사내였다. 시를 쓰고, 그림을 그리고, 노래를 불렀는데 귀썰미가 남달랐다. 나는 아버지가 들려주는 기발하고 엉뚱한 이야기가 참 재미있었다. 아버지는 내가 태어나기 전에 숲속에서 주워 왔다고, 사실은 내가 공주님이라고 했다.

아버지는 가끔 새벽 2시에 나를 깨워서 양파를 곁들인 토마토샐러드를 먹으라고 했다. 아버지는 요리 솜씨가 좋았다.

아버지는 어머니보다 열한 살이 많았고 대단한 바람둥이였다.

어린 나에게 걸음마를 가르쳐주고 나를 목욕시켜준 사람은 아버지였다……. 엄마 역할을 대신했던 것이다. 아버지는 어린이들을, 특히 아기들을 참 예뻐했다. 아기들을 열정적으로 사랑하는 마음은 진심이었다. 그분 성격의 여성적인 면이었다고 할까. 애들이 다 크면 아버지의 관심은 사라졌다.

어머니는 정말로 괴짜였다. 사물을 바라보는 시각이 남들과는 달랐다. 어머니는 사람의 환심을 사려드는 법이 없었다. 오히려 그 반대였다.

우리가 살던 아파트는 아주 좁았다. 어머니와 아버지 사이에 일어나는 모든 일을 모르려야 모를 수 없었다. 부모님은 대립하는 두 개의 세계였다. 어머니는 사자자리, 아버지는 물병자리다. 어머니는 애정 표현이 별로 없었다. 그래서 내 남동생은 힘들어했던 것 같다. 그 애는 양자리다.

어머니와 남동생은 두뇌가 명석했다. 나는 그 둘을 무척 우러러보았다. 피아노 때문에 다 날아갔지만.

어머니가 아니었으면 나는 절대로 피아니스트가 되지 못했을 것이다. 나를 콩쿠르에 등록시킨 사람도 어머니였다. 내가 피아노를 그만뒀을 때 브뤼셀에서 슈테판 아슈케나제와 접촉한 사람도 어머니였다.

어머니가 돌아가실 때 나는 러시아에 있었기 때문에 임종을 지키지 못했다. 그래도 나의 가장 친한 친구와 내 남동생의 임종은 지켰다. 내가 어머니를 위해서 할 수 없었던 일을 그들에게는 할 수 있었다.

카시케

내가 처음으로 마음을 다해 사랑했던 사람은 내 남동생이다.

아르헨티나에서 살 때 카시케는 내 방 아니면 식당, 그것도 아니면 할아버지 할머니 댁에서 잤던 것 같다. 기억이 잘 나지 않는다.

빈에서 살 때 어머니는 우리 둘을 콘체르트하우스에 데려가곤 했다. 기돈 크레머와 연주를 하다가 문득 그 시절이 생각났다. 남동생은 내가 자기를 지켜줘서 좋다고 말했다. 정이 참 깊은 아이였다. 말년에 우리는 자주 보고 살았다. 어릴 때는 피아노가 우리를 갈라놓았지만 그때도 서로 우애가 깊었다.

아버지는 병석에 드러누운 후로 실어증에 걸려 말을 못 했다. 카시케는 아버지와 소통을 이어나가기 위해 큼직한 알파벳 문자판을 설치했다. 아버지가 좋아하는 탱고 노래를 불러주기도 했다. 아버지는 작은 라디오를 두 손에 꼭 쥐고 돌아가셨다. 그건 우리 가족만의 그 무엇이다. 나한테도 그런 작은 라디오가 있다. 아버지가 돌아가신 후 동생은 더 이상 예전 같지 않았다.

카시케는 아르헨티나에서 실직을 했다. 그 후 브뤼셀에 와서 살았다. 피아니스트 겸 요리사인 알베르토 포르투헤이스가 자기와 함께 런던에 식당을 내자고 동생에게 제안했다. 나도 그 사업에 도움을 주었다. 한 달 만에 둘은 대판 싸웠고 내 동생은 아르헨티나로 돌아갔다.

가족

외할아버지의 성은 엘레르, 외할머니의 성은 브론프만이다. 외할머니 쪽으로는 캐나다로 건너간 친척이 한 명 있고, 부에노스아이레스에 사는 또 다른 친척이 있다. 캐나다에 사는 새뮤얼 브론프먼은 술과 주정酒精 전문 기업 씨그램Seagram을 설립해서 떼돈을 벌어들였다.

나는 할아버지의 사촌 로셀리나 할머니를 좋아했다. 다들 로셀리나를 못 잡아먹어 안달이었다. 그분은 자유분방하고 담배를 많이 피웠으며 프랑스어를 구사했고 고양이들을 사랑했다. 칠레 스파이와 사랑하는 사이였다는 소문도 들었다. 로셀리나의 생일은 10월 17일, 스티븐 코바세비치와 나의 에이전트 자크 텔랑과 같은 날 태어났다. 로셀리나는 키가 작았고, 눈은 크고 초록색이었다. 구두는 한 짝은 33호, 다른 한 짝은 34호를 신었다. "자기가 하는 일은 자기가 안다"라는 말을 입버릇처럼 하고 다녔다.

우리는 거리의 연인들을 감시하고 다른 집 창문 너머로 사람들이 어떻게 사는지 구경하려고 밤 산책을 나가곤 했다. 내가 밀가루와 딸

기로 화장을 해주면 로셀리나는 그 얼굴 그대로 나갔다. 로셀리나는 오페라를 좋아했다. 음악적 소양은 전혀 없었지만 오페라 줄거리를 다 꿰고 있었다.

나는 외할아버지, 외할머니를 뵌 적이 없고 우리 가족은 친가와도 다소 틀어진 사이였다. 친할아버지는 집안에서 모두가 껄끄러워하는 분이었다. 친할아버지는 펜싱을 하고 기타를 치는 플레이보이였다.

어린 시절

진보주의적 어린이집에서 르나르 부인은 우리에게 글과 영어를 가르쳤고 체조를 시켰다……. 어떤 여선생님이 낮잠 시간마다 피아노를 쳐주었다.

두 살 반밖에 안 된 나에게 "너 이거 못 하지?" 소리를 쉴 새 없이 퍼붓고 약 올리는 다섯 살 남자아이가 있었다. 나는 발끈해서 나도 할 수 있다는 것을 보여주기 바빴다. 하루는 그 애가 나에게 말했다. "너 피아노 못 치지?" 그래서 나는 선생님이 낮잠 시간에 늘 들려주는 자장가를 한 음도 틀리지 않고 쳤다.

어릴 때 들은 노래의 음을 그대로 치는 정도는 자연스러운 음악적 소질일 뿐, 천재성과 무관하다. 열 명 중 여덟 명은…… 그럭저럭 해내는 일이지 싶다. 그러니까 대단히 비범한 재능은 아니라는 말이다.

아버지가 한 옥타브 반짜리 미니 피아노를 사줬는데 나는 그게 너무 작다고 성질을 내고 망가뜨렸다. 우리는 더 넓은 아파트로 이사를 갔고 비로소 진짜 피아노를 들일 수 있게 되었다. 어머니는 그 피아노를 치고 싶어 했지만 내가 독차지하고는 내어주지 않았다.

우리 집에는 부모님 방, 내가 쓰는 피아노 방, 긴 의자가 있는 거실 겸 식당, 주방, 그리고 이모가 자는 하녀 방이 있었다.

나의 첫 번째 피아노 선생님은 에르네스티나 쿠스로프라는 카탈루냐 출신의 여성이었다. 그 선생님은 아주 어린 아이들을 전문으로 가르쳤는데, 악보 없이 청음으로 피아노를 치게 했다. 나는 쿠스로프 선생님에게 2년을 배웠다. 그 선생님이 무서워서 파랗게 질리곤 했다. 어릴 적 나는 병적으로 수줍음이 많은 아이였다. 말도 못 했고, 콧물을 질질 흘리면서도 코를 풀 엄두도 내지 못했다. 쿠스로프 선생님은 우리에게 이야기를 들려주고 피아노를 치게 했는데 그게 그 선생님의 교육 방법이었다. 나한테는 그 방법이 효과가 없었다. 아버지가 훨씬 더 재미있는 이야기를 해줬기 때문이다. 흥미진진한 전설, 환상적인 동화에 비하면 선생님이 들려주는 동물 우화 따위는 시시했다.

한번은 다른 두 여자아이와 연주회에 나갔다. 내 차례가 오자 나는 달아나버렸다. 쿠스로프 선생님은 우리에게 피아노를 치기 전에 건반 위에서 손을 세 번 물결 모양으로 움직이면 긴장이 풀린다고 가르쳐주었다. 나는 그 몸짓이 마음에 들었다. 하지만 같은 동작을 스무 번 했더니 관객들이 웃기 시작했다. 아니면 내가 연주의 시작을 자꾸 미뤄서 웃은 걸까…….

나는 모차르트의 '쉬운 소나타'와 쇼팽의 〈강아지 왈츠〉를 쳤다. 그리고 아주 낮은 음 하나와 아주 높은 음 하나가 있는 곡도 연주했다. 팔이 아직 짧아서 두 팔을 쫙 펴고 두 음을 쳐야 했다.

엘레나 데나우도라는 여자아이와 친했다. 눈부신 금발에 얼굴이 아주 예쁜 아이였다. 나는 엘레나의 머리카락을 가지고 놀기 좋아했다.

카를 마리아 폰 베버의 〈무도회에의 초대〉는 처음으로 내 마음에 들어왔던 음악 중 하나다.

부모님은 예후디 메뉴인이 지휘한 파가니니의 〈바이올린 협주곡 1번〉 음반을 소장하고 계셨다. 리스트의 전주곡들도 음반으로 가지고 있었다. 하지만 그때도 이미 내가 제일 좋아하는 작곡가는 베토벤이었다.

나는 아이다 이모와 영화관에 자주 갔다. 이모가 중간에 잠이 들어버려서 두 편, 세 편을 연달아 보기도 했다. 내가 제일 좋아했던 영화배우는 말론 브란도와 몽고메리 클리프트다.

다섯 살 때는 엄마가 클래식발레 교실에 등록시켰다. 발레 교실은 끔찍했다! 하지만 브루노 겔버와 테아트로 콜론에 발레 공연을 보러 가는 건 좋았다. 그리고 나는 늘 루돌프 누레예프와 마고 폰테인에게 각별한 마음을 품었다.

나는 강건한 체질을 타고났다. 지금도 그렇다. 나의 수영 선생은 내가 일류 선수가 될 수도 있는 신체 조건을 타고났다고 했다.

내가 어릴 적에 읽었던 책으로는 『올리버 트위스트』 『데이비드 코퍼필드』 『쿠오 바디스』 『톰 아저씨의 오두막』 『천일야화』 『작은 아씨들』 등이 있다.

스카라무차에게 피아노를 배우면서부터 나는 예전의 쾌활함을 잃었다. 사람들이 나를 다른 눈으로 보기 시작했는데 그게 싫었다.

모든 것이 내가 피아노를 못 칠 거라 도발했던 어린이집 남자아이에게서 시작됐다. 사람은 도전에 몸을 던지면서까지 세상에 자기가 할 수 있는 것을 보여주기 원한다. 그런 게 재능이다. 어릴 때는 몰랐다. 나중에 책 『영재의 비극: 진정한 자기를 찾아서The Drama of the Gifted Child: The Search for the True Self』를 읽으면서 사정을 더 잘 이해하게 되었다. 우리는 모두 우리가 할 수 있는 이상으로 잘하고 싶어 한다. 바흐가 신의 마음에 들고자 했던 것도 결국 다르지 않다.

콩쿠르

예전에는 바르샤바에서 열리는 쇼팽 콩쿠르에 음악을 사랑하는 청중과 전문가들이 왔다. 연주를 하고 나면 선배 연주자들이 작품이나 테크닉에 대해서 질문하는 시간이 있었다. 입장권도 저렴했다……. 지금은 입장권도 비싸고, 청중은 대부분 호텔, 관광, 식사, 연주회가 포함된 값비싼 패키지 문화상품 구매자다.

볼차노의 부조니 콩쿠르에 나갔을 때는 1차전에서 떨어졌을 거라 생각했다. 연주를 마쳤을 때 심사위원단이 "수고하셨습니다, 가보셔도 좋습니다"라고 했다. 나는 그들에게 물었다. "또 보자는 인사인가요, 아주 가라는 건가요?" 심사위원단이 말했다. "또 봅시다." 그렇게 해서 나는 1차전을 통과했다는 것을 알았다.

제네바 콩쿠르는 남자부와 여자부가 따로 있었다. 굴다는 "남녀가 화장실처럼 확실하게 구분되어 있지"라고 말하곤 했다.

구스타프 알링크라는 사람을 알게 됐는데 내가 그에게 붙여준 별명이 '미스터 컴페티션'이다. 원래는 수학 교수였는데 피아니스트, 주로 젊은 여성 피아니스트 사진을 열심히 찍고 다녔다.

우리는 말이 잘 통했다. 내가 그에게 제네바 콩쿠르 심사위원단장을 만나보라고 권했다. 그 후 얼마 지나지 않아 그는 일을 그만두고 오로지 콩쿠르만 취재하고 다녔다. 알링크는 이 주제로만 다섯 권의 책을 썼다. 인터넷 사이트를 개설하고 귀중한 정보를 올려주고 있다. 그의 작업은 꼼꼼하고도 유익하다. 그는 현재 그 일로 먹고산다.

커리어

나는 몇 년 치 '일정'을 잡아두지 않는다. 그런 유의 일은 용납하지 않는다. 인생이 어떻게 될지 모르는데 그러는 건 우스꽝스럽다. 나는 내가 연주를 했을 때만 계약서에 서명을 한다.

유럽에서 나의 '커리어'는 독일, 네덜란드, 이탈리아에서 출발했다. 나의 첫 번째 공연기획자는 독일인이었다. 이탈리아에서는 부조니 콩쿠르 우승으로 급부상했다. 네덜란드에서는 30여 개 소도시까지도는 순회 연주를 해야 했다. 그 시절에는 아메리카 대륙에 연주하러 갈 일이 많지 않았다. 희한하게도 지금은 오히려 자주 간다.

계약, 여행, 연주회, 의무 사항, 그런 것들은 내 의지와 상관없이 진행된다.

나는 이 작품 혹은 저 작품을 연주하고 싶다고 생각한 적이 없다. 그건 내 성격에 맞지 않는다. 다니엘 바렌보임은 음악인이라는 직업과 대단히 적극적이면서도 건전한 관계를 맺고 있다. 나는 그렇지 못하다. 나는 되는 대로 사는 사람이다. 피아노에 대한 흥미도 점점 시들해진다. 그렇다고 이 나이에 바이올린을 시작하지는 않겠다.

커리어에서 중요한 것은 재능이 아니다. 다들 알 만큼 안다. 그건 다른 문제다. 나는 재능이 뛰어난데도 연주 무대에 서지 못하는 사람들을 안다. 나는 일이 넘쳐 감당이 안 되는데 그들은 일이 없는 걸 보면 마음이 불편하다. 그들도 내 입장이 되어보면 이 심정을 알겠지만 지금은 이해하지 못한다.

나는 오랫동안 은행 계좌가 없었다. 돈은 가방에 넣고 다녔다. 독일에서는 연주 사례비를 현금으로 줘서 좋았다. 영국인들은 여섯 달을 기다려야만 돈을 줬는데 도대체 이유를 모르겠다. 요즘은 수표를 써준다. 수표는 짜증 난다.

예전에는 구분이 뚜렷했다. 한편에 진지한 음악가들이 있고 다른 한편에는 대중적 인기를 구가하는 이들이 있었다. 지금은 다 섞여 있다.

나의 첫 에이전트 라인하르트 파울젠은 미샤 마이스키Miša Maiskis, 기돈 크레머, 그리고 내가 함께하는 연주 무대를 꿈꾸었다. 하지만 그런 자리는 성사되지 않았다. 파울젠이 죽고 그를 추모하는 자리에서야 비로소 우리 셋은 호흡을 맞췄다.

브리지트 파스밴더는 나의 피아노에 맞추어 노래하고 싶다고 말해주었고, 마티아스 괴르네도 그러기로 했지만 그 무대는 성사되지 않았다. 나는 이미 며칠 후의 일을 준비하기도 바빴고 그보다 먼 미래의 일은 그려볼 여력이 없었다. 게다가 실내악 무대는 항상 사람들이나 친구들과의 만남에서 자연스럽게 이루어지곤 한다.

남편이자 동료였던 지휘자 샤를 뒤투아와 함께(1970, © Gettyimages)

유독 홍보 효과를 많이 누리는 연주자들이 있다. 너무 부정적으로만 보지 않아야 한다. 소문난 잔치에 먹을 것 없다지만 소문이 날 때는 대개 이유가 있는 법이다. 그리고 음악을 떠받치는 모든 것은 긍정적이다. 홍보가 청중을 연주회로 불러 모을 수 있다면 얼마나 다행인가! 사실은, 깊이 생각해보면, 녹음되지 않은 작품이 없고 그런 녹음은 대체로 다 훌륭하다. 그래서 우리 연주자들은 다소간 없어도 될 존재가 되었다. 우리 직업은 새로운 청중을 끌어당길 수 있을 때 비로소 진정한 의미를 띤다. 미디어 노출은 또 다르다. 우리가 뭔가를 던지면 시청자가 그것을 자기 것으로 삼는다.

젊었을 때는 연주회 제안을 많이 거절했다. 나는 다른 삶을 살고 있었고 장기 프로젝트를 참을 수 없었다. 지금도 싫은 건 마찬가지지만 그때보다는 책임감이 생긴 것 같다.

매니저들은 때때로 자기 수익을 부풀리기 위해 예술가들을 본래 가치보다 비싸게 판다. '구식' 공연기획자들은 그러지 않았다. 그들은 신뢰를 기반으로 하는 관계를 수립했다. 서른일곱 살 때였는데 로스트로포비치가 나에게 회당 얼마를 받는지 물었다. 나는 곧이곧대로 말했다. 그가 대꾸했다. "고작?"

나는 돈과 허영에 대한 일장 연설을 펼쳤다. 로스트로포비치가 나에게 물었다. "폴리니의 제자와 똑같이 받아도 좋아?" 그러면서 유럽과 미국에서는 회당 얼마를 받으라고 금액을 딱 정해주었다. 매니저 겸 에이전트 파울젠에게 그 얘기를 했다. 파울젠은 몸값을 세게 부르면 나중에 낮춰야 하는 위험이 따르기 때문에 그러지 말자는 입장이었다. 그래도 결국 그 금액을 부르긴 했고, 다행히도 받아들여졌다.

파울젠은 사업가 체질이 아니었다. 그가 일을 아주 못한다고 보았던 예술가들도 있었다. 그런데 나한테는 파울젠이 잘 맞았다. 그는 육감이 뛰어났다. 기돈 크레머를 발굴한 사람이 파울젠이다. 그는 습관처럼 말하곤 했다. "저녁 8시에서 10시*까지는 우리 뜻대로 할 수 있는 시간이 아닙니다!"

파울젠은 항상 첼리스트들과 마찰이 있었다. 어떤 첼리스트는 그에게 청중의 호응이 열렬했노라 전했는데 그가 주최 측에 물어보니 전혀 다른 얘기가 나왔다. 어느 날, 파울젠은 첼리스트 없이도 잘 살수 있겠구나 마음을 굳혔다.

내가 어릴 때는 기분이 좋지 않아도 청중에게는 표를 내지 말아야한다는 암묵적 규율이 있었다. 언제나 '좋은 인상bella figura'을 유지해야 했다. 하지만 어떤 예술가는 불만족스럽거나 괴로워하는 기색을 보여도 청중이 받아들인다.

한번은 대중이 사랑하는 예술가에는 두 종류가 있다는 말을 누구한테 들었다. 대중이 추앙하는 예술가와 대중이 가깝게 느끼는 예술가. 전자는 불타는 얼음장 같고, 후자는 따뜻한 물을 받아놓은 욕조 같다. 나는 그 둘의 중간이었으면 좋겠다.

내 생각이지만 내가 매니지먼트를 했으면 아주 잘했을 것 같다. 전화기를 붙잡고 보내는 삶. 이 말인즉슨, 좋은 에이전트가 되기란 매우

* 음악회가 일반적으로 열리는 시간.─옮긴이 주

까다로운 일이라는 뜻이다. 파울젠은 이 말을 입에 달고 살았다. "에이전트는 언제나 예술가 편에 서야 해요."

평론가와 기자

옛날에는 기자들이 "마르타 아르헤리치라는 사람은 누구입니까?" 같은 경악스러운 질문을 던지곤 했다. 무슨 대답을 바라고 그런 질문을 하는 건지? 나는 기자들을 그다지 좋아하지 않는다.

프로모션 인터뷰는 늘 참기 힘들었다. 온종일 같은 말을 반복하면서도 즐거워하는 예술가들도 보인다만, 나한테는 감당이 안 되는 일이다.

나의 유명세가 다른 사람들에게 도움이 될 수 있다면 얼마나 다행인가. 나는 젊은 예술가들에 대해서 말하기를 좋아하는 것 같다. 그들이 나를 통해 세상에 알려진다면 나는 좋다.

연주자들이 뮌헨에 공연에 잡히면 평론가 요아힘 카이저 때문에 벌벌 떨던 시절이 있었다. 내 경우에는 열일곱 살에, 그러니까 쇼팽 콩쿠르에 나가기 직전에 그에게 황홀한 극찬을 받았다. 그리고 콩쿠르에서 이기고 돌아온 후에는 그의 혹평이 나를 진창에 처박았다. 그는 심지어 내가 "발작"을 한다고 했다……. 그 사람을 생각하면 롤러 코스터를 타는 기분이 든다. 그는 본인이 피아노를 치지는 않았지만 피아노에 특별한 관심이 있었고, 글을 매우 잘 썼으며, 스캔들을 일으키기 좋아했다.

그는 넬손 프레이레가 피아노를 너무 편하고 쉽게 친다고 비판했다. 연주만 들어봐도 넬손이 인생 경험이 부족하고 아직 심각한 일이라고는 겪어보지 못했음을 알 수 있다나. 그런데 그 해에(스물세 살 때) 넬손은 부모님을 자동차 사고로 한꺼번에 잃었다.

로잔에서 어느 평론가는 내가 파시스트처럼 피아노를 친다고, 나는 파시스트의 나라 출신이기 때문에 그럴 만도 하다고 썼다.

사랑

나는 누군가에게 관심이 생기면 깊이 들어가고 싶고 모든 것을 알고 싶다. 어른스럽지 못한 태도라고 생각하긴 한다.

어릴 때는 누가 나 좋다고 따라다니는 게 질색이었다. 뭔가 좀 작위적이고 자연스럽지 않은 것 같아서 마음이 불편했다. 그래서 나는 친구로 지내던 사람하고만 연인이 될 수 있었다.

(어릴 때를 제외하면) 늘 상대가 먼저 나를 떠났다. 생활 리듬의 문제 때문에 그렇게 되는 경우가 많았다. 함께 살려면 나와 같은 '야행성'을 골라야 한다는 말도 들었다. 하지만 처음에는 그 남자들도 올빼미 체질이었다. 나중에 그들의 생활 습관이 바뀌었을 뿐.

이런 속담이 있다. "연인들은 같이 자는 사이이다. 부부는 아침에 함께 일어나는 사이이다." 문제는 내가 이 나이가 되어서도 어릴 때 그대로라는 것이다.

미셸 베로프*가 나에게 말했다. "피아노가 당신과 나 사이를 가로막아요." 바보 같은 소리! 피아노는 나와 나 자신 사이도 가로막는다.

우리의 관계가 끝났을 때, 나는 그에게 애절한 편지를 80통도 넘게 보냈다. 나중에 그 편지를 되돌려달라고 했지만 그가 거절했다.

여자와는 연애를 해보지 않았다. 가벼운 뽀뽀 이상은 한 적이 없다. 그것도 아주 오래전에.

빈에서 지내던 시절에 코스타리카 남자를 사귀었다. 내가 살면서 만나본 가장 잘생긴 남자였다. 하루는 그가 옷을 벗고 침대에 드러누웠다. 나는 꽃병에 꽂혀 있던 꽃을 집어 들어 그의 몸 위에 뿌려주었다. 그 사람은 굉장히 좋아했다.

내가 경험한 사랑은 두 사람만의 일인 경우가 드물었다. 주로…… 세 사람의 관계였고, 실은 놀이와 비슷했다. 때때로 상대가 생각 이상으로 진지함을 감지하곤 했는데, 그러면 내 쪽에서 거리를 두어야만 했다. 나에겐 그저 놀이였으니까.

지금은 가벼운 로맨스가 있었으면 좋겠다고 생각한다. 하지만 그것도 단 한 사람만 바라봐야 하는 관계가 된다면 싫다.

---

* 아르헤리치와 연인 관계였던 프랑스의 피아니스트.—옮긴이 주

청춘

    스위스에 건너가서는 어머니와 제네바의 퇴퍼 거리에서 살았다. 마들렌 리파티와 유라 퀼러도 거기서 지적인 쇼드로니에 거리에 살았다. 굴다가 5개월 일정으로 연주 여행을 떠나자 어머니는 나를 마들렌 리파티와 애비 시몬에게 보내어 피아노를 치게 했다.

    마들렌은 매력적인 사람이었다. 그녀는 음악원에서 니키타 마갈로프의 조교로 일했다. 나는 몇 달간 그녀와 레슨을 했다. 마들렌은 내가 음반을 취입하는 것이 좋겠다고 했고 EMI사의 월터 레게에게 소개해주었다. 당시 나는 열다섯 살이었다. 마들렌이 장학금을 알아봐준 덕분에 나는 유럽에 남을 수 있었다.

    마들렌의 피아노 위에는 꽃잎을 담은 그릇이 놓여 있었다.

    제네바 음악원장이 하루는 나에게 리스트의 노트들을 보여주었다. 리스트는 비르투오소를 양성하는 수업을 개설하고 거기 들어오는 학생들에 대한 평을 적어두었다. 한 여학생에 대해서는 이 말만 쓰여 있었다. "눈이 예쁨."

열여섯 살 때 내가 제일 좋아했던 두 작품은 프로코피예프의 〈바이올린 협주곡 1번〉과 라벨의 〈다프니스와 클로에〉다.

바이올린

이브리 기틀리스

어머니는 이브리 기틀리스를 좋아했다. 처음엔 둘이 서로 잡아먹을 듯 날을 세우더니 나중에는 친구 사이가 됐다. 어머니는 이브리에게 가끔 전화를 걸어 감시했다. "바이올린 연습하고 있어? 텔레비전이나 보고 있는 건 아니지?"

누군가가 아이작 스턴에게 그가 만났던 바이올리니스트 중에서 가장 뛰어난 사람이 누구냐고 물었다. 스턴이 대답했다. "이브리 기틀리스입니다, 애석하게도!" 앙드레 지드가 가장 위대한 시인이 누구냐는 질문을 받고 "빅토르 위고입니다, 애석하게도!"라고 대답했던 것처럼 말이다.

나는 이브리가 좋다. 그런 사람은 세상에 둘도 없다. 그런 사람은 안 나온다. 그는 재능으로 꽉 찬 사람, 심지어 다른 재능들까지 넘치는 사람이다. 피아니스트 폴리나 레셴코Polina Leschenko가 자주 그와 호흡을 맞춘다. 두 사람 사이에는 뭔가 특별한 것이 있다. 그 둘은 루가노에서 만났다. 막심 벤게로프Maxim Vengerov와 릴리아 질버스타인에게도 그런 것이 있다. 그들이 맨 처음 함께 연주한 곳도 루가노다. 루가노는 절묘한 만남의 장이나.

내 동생이 세상을 떠났을 때 이브리와 나는 죽음에 대해서 많은 이야기를 나누었다. 내가 "그러니까, 우리 모두 죽을 거예요!"라고 했더니 그가 대꾸했다. "다들 우리에게 그렇게 말하지. 우리는 믿지 않지만."

게자 호스주-레고츠키 Geza Hosszu-Legocky

그의 연주는 미치도록 좋다. 이브리는 그의 연주를 처음 들었을 때 눈물까지 흘리면서 나에게 말했다. "저 사람 연주를 들으니 요세프 하시드Josef Hassid*가 생각나."

요제프 시게티

열한 살, 열두 살 즈음에 부에노스아이레스의 부유한 예술후원자 에르네스토 로젠탈의 집에서 시게티를 알게 되었다. 나는 그가 보는 앞에서 피아노를 쳤다. 그는 상당히 놀라워했고 공항에서 편지까지 써서 보내주었다.

빈에서 처음으로 바이올리니스트와 함께 무대에 섰을 때 나의 파트너는 요샤 시보였다. 그는 헝가리 사람이다. 나는 그가 1958년 제

---

* 스물여섯 살에 사망한 폴란드 바이올리니스트.

노바 콩쿠르에 나갈 때 반주자로 함께 갔다. 그는 1등 없는 2등을 차지했다. 시게티가 심사위원 중에 있었다. 사위였던 니키타 마갈로프가 그에게 나에 대해서 말했다. 그렇게 해서 시게티가 나에게 함께 연주를 해보자고 제안하게 된 것이다. 우리는 피아노가 넘쳐나는 카사 리코르디로 갔다. 경험이 별로 없었던 나는 겁이 났지만…… 그는 20분 넘게 워밍업을 하고 비로소 나와 호흡을 맞추기 시작했다. 그러한 모습이 감동적이었다.

나중에 내가 첫 딸 리다를 임신했을 때, 시게티가 나와 연주를 하겠다고 왔다. 그는 캘리포니아에 있다가 돌아왔고 스위스에 정착하기를 원했다. 그는 버르토크가 궁핍하게 지내면서도 자존심이 너무 강해서 자신의 도움을 받지 않는다는 이야기를 했다. 시게티는 〈바이올린, 클라리넷, 피아노를 위한 콘트라스트〉 녹음에 버르토크를 피아니스트로 섭외하기 위해서 복스 음반사Vox Records와 상당한 실랑이를 해야 했다. 베니 굿먼이 버르토크에 작곡을 의뢰한 이 작품은, 결국 세 사람이 함께 녹음을 했다.

피에르 푸르니에 아내 리다는 시게티가 바이올린을 클라리넷, 플루트, 첼로, 호른 다루듯 연주하지만…… 결코 바이올린처럼 연주하지는 않는다고 했다.

기돈 크레머

기돈은 어느 정도는 시게티의 후계자다.

그는 자신과 내가 서로의 소리를 듣는다고 한다. 내가 보기에도 우리는 서로 좋은 자극이 된다. 그가 나에게 자극을 준다.

나에게 기돈을 소개해준 사람은 미샤다. 그가 내 연주회를 보러 왔을 때였다. 나는 버르토크의 소나타와 슈만의 〈환상 소곡집〉을 연주했다. 그는 나에게 버르토크의 〈피아노와 바이올린을 위한 소나타 1번〉을 익혀두라고 했다. 나는 그렇게 했다.

우리가 이 작품을 연주하지 않은 지 20년이 됐다. 우리 사이에는 아주 특별한 것이 있다. 사람들은 우리가 각기 다른 개성으로 남아 있다고 말하지만 우리는 서로 잘 맞는다. 우리의 감각은 다르다. 그렇지만 우리는 서로 감각을 섞어서 느낄 수 있다. 희한하게도.

루지에로 리치Ruggiero Ricci

제네바에서 그를 만났다. 내 어머니는 그의 아내 발마와 친했다. 발마도 아르헨티나 사람이다. 나는 루지에로 리치의 멕시코와 소비에트연방 순회 연주에 반주자로서 동행했다. 그는 나의 연주 방식을 무척 좋아했다. 나는 러시아를 알고 싶었다. 도스토옙스키 때문에, 내가 잘 알고 좋아하는 러시아인 지인들 때문에, 그리고 사회주의 때문에. 그 시절의 나는 키부츠 같은 소유 공동체에서 살고 싶었다. 우리는 모스크바, 레닌그라드, 트빌리시 같은 도시에서 성황리에 연주회를 치렀다.

당시 나는 귀염성 있는 얼굴이었고 리치의 아내 발마는 대단한 미인이었다. 그런데 소련의 공연대행사에서 붙여준 통역이 좀 못생긴 여자였다. 그녀는 하루밖에 일하지 않았고, 다음 날부터 훨씬 예쁜 여자 통역이 따라왔다.

나는 이브리가 설립한 '하나의 바이올린에서 다른 바이올린으로 D'un violin à l'autre' 페스티벌에서 리치와 재회했다. 우리는 베토벤의 '크로이처 소나타〈바이올린 소나타 9번〉'를 함께 연주했다. 프로코피예프 소나타도 프로그램에 있었는데 리치가 못하겠다고 했다. 그래서 나는 게자와 베토벤의 〈바이올린 소나타 8번〉을 연주했다.

나는 어렸을 때 책을 읽으면서 피아노를 쳐도 엄마에게 들키지 않았다. 루지에로 리치도 왼손으로는 피치카토를 연습하면서 오른손으로 책을 들고 있을 수 있었다고 한다. 그는 그렇게 해서 독자적인 비르투오시타를 개발했다.

리치의 아버지는 아주 영리한 사람이었다. 그는 예후디 메뉴인의 스승이었던 루이스 퍼싱거를 찾아가 이렇게 말했다. "내 아들을 제자로 두는 대가로 얼마를 내시겠습니까?" 퍼싱거는 그 거래를 받아들였다. 그 후, 리치는 악명 높은 연습 선생님을 만났다. 그는 겨우 아홉 살이었다. 그 선생님은 허구한 날 이렇게 말했다고 한다. "페르페투움 모빌레*를 더 빠르게 해내지 못하면 아무것도 못 먹을 줄 알아."

리치는 늘 자기가 고생을 많이 했다고 얘기했다. 카네기홀에서 무대를 함께했을 때 그는 쉰아홉 살이었다. 그의 아버지는 이탈리아 군악대의 트롬본 연주자였다. 그분이 아들에게 직접 바이올린을 가르쳤다. 어떻게 그럴 수 있었을까? 그분은 다른 자식들에게도 첼로, 트

---

*   perpetuum mobile, 기악곡의 곡중명으로, 일정한 길이의 짧은 음표에 의해 처음부터 끝까지 쉴 새 없이 빠른 속도로 연주되는 것이 특징이다.—옮긴이 주

럼펫, 플루트를 직접 가르쳤다고 한다. 그리고 일흔다섯 살에는 카네기홀에서 노래를 부르고 싶다고 하셨다. "이제 내가 유명해질 차례다!"라고 하셨다나.

막심 벤게로프

새파랗게 젊지만 언제나 최고다. 요즘 그는 자신의 영역을 확장하려고 한다. 오케스트라 지휘도 하고, 탱고 공연에서 알토 파트를 맡기도 하고, 아주 개방적이다. 바이올리니스트들의 레퍼토리는 그렇게 방대하지 않다. 나는 그를 이해한다. 그는 이제 대중 앞에서 말도 한다. 특히 내레이터 역할을 좋아한다. 이브리 기틀리스도 폭넓은 소통 역량이 있는 예술가다. 하지만 가장 비범한 재능은 번스타인이 그랬던 것처럼 어린아이들에게 음악 언어를 알려주고 설명해주는 재능이다.

요리

기억에는 여러 가지가 있다. 시각 기억, 숫자에 대한 기억, 청각 기억. 그리고 아마 네 번째 기억이 있을 것이다.

나는 늘 트릴 연주가 마음처럼 되지 않았다. 말 더듬기와 비슷하다고 할까.

쉽게 되는 것들은 잊어야 발전이 있다.

연주회 당일, 나는 그날 연주해야 할 곡들을 아주 느리게 쳐본다. 니콜라스 안젤리치는 밀스타인도 늘 아주 느린 템포로 연습을 한다고 내게 말해주었다. 이브리의 말에 따르면, 프란체스카티는 무대에 오르기 전에 아예 엉뚱한 곡을 연주해본다고 한다.

악기와 함께 태어난 사람들이 있다. 로스트로포비치는 첼로를 쥐고 세상에 태어났단다. 그는 안네조피 무터가 바이올린과 함께 태어났기 때문에 그녀의 어머니는 출산의 고초가 컸을 거라고, 그렇지만 피아노와 함께 태어난 나도 있으니 내 어머니의 고생에는 비할 수 없을 거라고 농담을 했다.

신비로운 것, 조금은 악마적인 그 무엇이 존재한다. 폴리니에겐 그 것이 있다. 키신도 있다. 파질 세이Fazil Say가 하이든의 소나타를 연주하는 모습을 텔레비전으로 봤다. 흥미진진하고 생생했다. 하지만 그건 다른 종류다.

어릴 때는, 그러니까 열여섯 살에서 열여덟 살까지는 자연스러운 비르투오시타에 집착했다. 그래서 호로비츠, 프리드리히 굴다, 넬손 프레이레에게 반했던 것이다. 그때는 그것밖에 안 보였다. 나중에 보는 눈이 넓어지면서 피아니스트들의 다른 자질들도 음미하기 시작했다.

나를 위한 시간을 내야만 한다. 무엇보다, 말만 하지 않고 정말로 그래야 한다. 자기 자신과의 시간을 갖고, 내가 직접 음식을 만들고, 세상이 어떻게 흘러가는지 바라보기 위하여……

나는 아무것도 안 하는 게 좋다. 재미있는 게 별로 없다.

연주는 자기를 위한 것도, 청중을 위한 것도 아니다. 그냥 하는 거다. 뭔가 잘 안 풀릴 때는 녹음을 해서 들어봐야 한다. 굴다가 나에게 가르쳐준 방법이다.

그런 게 인생

어떤 문명에서는 죽음을 다르게 생각한다……. 가령, 이집트에서 죽음은 아름다운 것, 일종의 축제다. 이곳의 죽음은 그악스럽다. 특히 병원에서의 죽음은.

나는 죽은 후라고 해도 화장당하고 싶지 않다. 엄마가 잠깐 사이에 사라지고 한 줌 재만 남는 걸 봤다. 니콜라스 에코노무, 나의 일본인 친구 중 한 명, 니키타 마갈로프, 파키타…… 마음이 너무 쓰리다. 내 남동생과 압둘은 불과 12일 간격으로 세상을 떠났다.

담배를 끊는다고 비흡연자가 되는 건 아니다. 흡연자인데 담배를 피우지 않을 뿐이다. 그 둘은 엄연히 다르다.

내 주위에는 늘 같은 사람들이 있다. 그래서 새로운 사람을 만나기가 쉽지 않다.

내가 좋아하는 이야기가 있다. 프리츠 크라이슬러와 라흐마니노프가 무대에 올랐다. 한순간, 크라이슬러는 머릿속이 하얘졌다. 그는 연주를 멈추지 않고 슬금슬금 라흐마니노프의 악보 쪽으로 다가가 속

삭였다. "우리 지금 어디지?" 그러자 라흐마니노프가 대답했다. "카네기홀."

음악을 할 때는 상대가 유연한지 그렇지 않은지 단박에 알 수 있다. 사랑을 할 때도 그렇다.

어째서 모든 것이 이토록 권태롭고 밋밋해졌을까? 그나마 아직도 미친 짓을 하는 사람들이 있어서 다행이다.

아첨에 넘어가지 않을 사람은 아무도 없다.

탱고를 추려면 두 사람이 있어야 한다.

마이클 잭슨, 그의 춤은 정말 멋있었다. 나는 마돈나도 좋아한다.

저녁을 함께 먹고 싶은 사람이 있다면 누구냐는 물음에 나는 예수 그리스도 아니면 히틀러라고 대답했다. 히틀러는 도대체 어떤 인간인지 이해하고 싶어서였다. 나는 아무 말도 하지 않고 관찰하거나 히틀러가 하는 말을 듣기만 하고 싶다. 나도 괴팍하다는 건 안다. 어쩌면 좀 삐뚤어진 심리인지도. 그래도 재미있을 것 같다.

알렉산드르 라비노비치

로스트로포비치가 라비노비치는 천재이지만 재능이 전혀 없다고 했다. 나는 라비노비치를 이브리의 집에서 알게 됐다. 그는 잘생기지 않았지만 어차피 내가 얼굴을 보고 사랑에 빠졌던 적은 없다. 공연 기획자들과 업계는 그 사람을 부당하게 배척했다. 음악 하는 사람들은 그를 존중하고 높게 평가했다. 그는 자신감이 부족했다.

그와 함께 사는 동안, 매일 저녁이 드라마와 스캔들의 연속이었다. 그는 별것 아닌 일에 무시당한다고 느끼곤 했다. 별안간 집을 나가 연락이 두절되곤 했다. 그가 돌아오면 나는 전쟁터에서 돌아온 사내의 안식처가 되어야 했다.

그 사람에 대해서 말하려니 괴롭다. 라비노비치는 이기적이고 잔인했다. 나는 10년을 그와 함께했는데 내 인생 최악의 시기였다. 어머니의 죽음, 나와 가장 친한 친구의 죽음, 암 선고, 갱년기를 전부 그 시기에 겪었다.

어머니는 그 사람을 좋아하지 않았다. 이름도 부르지 않고 항상

"작곡가 양반"으로 지칭했다. 나는 올리비에 메시앙의 〈아멘의 환영〉, 스크랴빈의 〈프로메테우스〉를 그와 함께 연습했다⋯⋯.

하루는 폴리니가 자신의 에이전트 수수료가 횡령 수준이라는 사실을 알게 됐다는 얘기를 피아니스트 동료들과 나누고 있었다. 크리스티안 지메르만은 그래도 에이전트가 좋은 공연을 많이 잡아주면 괜찮다고 했다. 니콜라스 에코노무가 이렇게 대꾸했다. "그들이 우리에게 일을 주는 게 아니라 우리가 그들에게 일거리를 주는 겁니다." 잠시 침묵이 감돈 후, 라비노비치가 결론 조로 말했다. "그 사람들이 부자가 될까 봐 내가 연주를 조금만 하는 겁니다."

남동생이 세상을 떠났을 때, 나는 우리가 같이하기로 한 순회공연을 일부 취소했다. 그래봤자 연주회 두 회였나. 그는 나 때문에 그 두 회 치 사례비를 못 받게 되었으니 대신 변상하라는 역겨운 팩스를 보냈다. 그 일로 한동안 연락을 끊었다. 그리고 한참 후, 그가 루가노에 왔다. 우리는 악수를 했다. 두 대의 피아노로 함께 연주도 했다. 그건 좋았다.

내가 그에게 자주 했던 말이 있다. "나의 마조히즘을 자극하지 말아줘."

스티븐 코바세비치

처음에는 이렇게만 생각했다. '그렇게 내 마음에 드는 사람은 또 없지.' 그 이상은 아니었다. 그와 함께 있으면 미친 사람처럼 웃을 일이 많았다. 사랑의 문제점은 우리가 한 공간을 차지해야 한다는 것이었다. 둘 다 피아니스트였기 때문만은 아니다. 우리는 동갑내기였고, 둘 다 아메리카 대륙 출신이었으며, 선대로 거슬러 올라가면 크로아티아와 인연이 있었는데 심지어 각자의 연고지가 200킬로미터 거리에 있었다.

우리는 뭐든지 허심탄회하게 이야기했다. 그렇게까지 나에게 자기를 다 보여준 남자는 그 사람뿐이다. 나는 누군가에게 마음이 가면 다 알고 싶다. 아주 어른스러운 태도는 아닌 것 같다만.

나는 스티븐 코바세비치가 나를 자기 여자친구와 함께 식사에 초대하는 꿈을 꾸곤 했다. "내 인생의 여자는 당신들 두 사람이야." 그는 그렇게 말하고 나서 나에게 아르헨티나에 연주를 하러 간다고 말한다. 그가 나에게 아르헨티나 사람은 이렇다 저렇다 말한다. 나는 그에게 대꾸한다. "당신은 그 나라를 몰라. 그 나라 사람들을 판단하려면 일단 진득하게 좀 있어봐."

저녁에 나는 스티븐이 크레이프에 둘둘 말린 채 곁들임 채소(토마토, 양상추)와 함께 올라가 있는 접시를 발견한다. 요리사가 그 접시를 오븐에 넣으려 한다. 내가 소리 지르며 만류한다. "멈춰요! 무슨 끔찍한 짓을! 도대체 왜 이래요?" 요리사가 반발한다. "당신은요? 오늘 점심에 그에게 그런 말을 해놓고서!" 그래서 나는 온 힘을 다해 크레이프를 펼치고 그를 구해준다. 그에게 나를 용서해달라고 말한다.

내가 런던을 떠나 스위스에서 살게 된 이유는 스티븐과 아니가 서로 잘 맞지 않았기 때문이다. 나는 딸들을 데리고는 나랑 친한 레즈비언 커플 크리스티안과 수지와 함께 제네바의 쥘크로스니에 거리에서 살았다.

스티븐과는 연주회 세 번, 음반 두 장만 함께했다. 그게 전부다. 샤를리와 살 때는 쉴 새 없이 세계를 돌면서 연주 무대에 섰는데.

개인적으로, 스티븐이 제네바 대극장 공연 〈코지 판 투테〉의 지휘자에서 해고된 일은 모욕적이라고 생각한다. 그 사람은 그렇게 함부로 대해서는 안 될 위대한 음악가다.

샤를 뒤투아

열여덟 살 때 그를 만났다. 그 사람이 어찌나 웃기던지 세 시간 동안 내리 배를 잡았다. 내 친구 쿠쿠차도 샤를리를 아주 좋아했다. 내 아파트에 쿠쿠차가 들어와서 같이 살던 시절이다.

함께 살기는 수월했다. 그 사람은 천칭자리, 나는 쌍둥이자리, 둘 다 공기의 별자리라서 그런지도 모른다. 샤를리는 직관이 뛰어나다. 속을 다 말하지 않고, 수줍음을 탄다. 그는 감정을 분석하는 것을 좋아하지 않는다. 자기가 이해하면 그걸로 끝, 더 말할 필요 없다. 게다가 그는 대단히 활동적이다.

샤를리는 개인적인 이야기를 일절 하지 않는다. 상황을 정확하고 상세하게 묘사하고, 그게 다다.

그 사람이 나를 이용했다는 식으로 말하는 사람들이 있는데, 전혀 그렇지 않다. 우리가 갈라설 무렵에는, 그 사람이 나보다 커리어가 더 훌륭했다. 요컨대, 그런 말은 부당할뿐더러 사실과 무관하다……. 오히려 내 배우자였다는 이유로 그 사람이 피해를 입었다. 언론은 그에게 모질었다. 우리가 헤어진 후로 그 사람에 대해서 좋은 평가가 나오기 시작했다.

나와 함께하는 이들이 자기를 낮추는 모습을 한두 번 본 게 아니다. 있을 수 없는 일이다. 에코노무의 경우도 마찬가지다. 나와 연인 관계는 아니었지만 말이다.

샤를리는 열 살 때 달랑 1프랑을 들고 스위스 일주를 하려고 했다.

젊었을 때는 우리 둘이 옷 치수도 같았다. 그가 내 원피스를 입어볼 수 있었을 만큼.

그는 한쪽 눈을 실명할 뻔했다. 그래서 그 사람이 그렇게 세계를 돌아다니는가 싶기도 하다. 아직 볼 수 있을 때 다 눈에 담아두고 싶어서.

바람 같은 사람.

내가 그에게 배운 것이 두 가지 있다. 신용카드 사용법과 콘택트렌즈 끼는 법.

우리는 최근에 스위스 취리히에서 연주했다. 나는 우울하고 슬펐다. 샤를리는 내가 미국에 가지 않겠다고 했더니 싫은 티를 팍팍 냈다. 그는 얼마 전 필라델피아 오케스트라의 상임지휘자가 되었다. 그가 오래전부터 꿈꾸어왔던 자리다. 하지만 나는 유럽에 남아 스테파니의 생일도 챙길 겸 여섯 달 된 손자 로만도 볼 겸 리스본에나 가고 싶었다. 저녁 식사 자리에서 카를로 피카르디*가 묘안을 냈다. 배 한

---

*   루가노 아르헤리치 프로젝트를 이끄는 음악학자.

알을 둘로 자르면 된다나. 그래서 나는 필라델피아 오케스트라와 협연을 하러 가되 보스턴 연주회는 취소하고 빨리 유럽으로 돌아오기로 했다.

넬손 프레이레

내가 느끼는 것을 같이 느끼고, 나를 손바닥 들여다보듯 알며, 나의 모든 결점을 꿰고 있는 사람. 넬손은 나를 웃게 한다. 피아노를 칠 때는 내가 아는 그 누구보다 재능이 빼어난 사람이다. 음악을 하면서 세심하게 귀를 기울이는 사람. 그런 이는 매우 드물다. 음악에 대해서 떠드는 사람은 많지만 정말로 뭘 좀 아는 사람은 별로 없다. 넬손은 안다.

넬손이 최근에 이런 얘기를 했다. "청중이 우리에게 박수를 보낼 때 말인데, 너무 과한 것 같지 않아? 우리가 나이가 많아서 그렇게 열렬한 성원을 받는 건가?" 나도 그와 함께 연주하면서 속으로 생각했다. '노인네들이 제법 좀 치는데!'

넬손과 내가 라디오를 듣고 있었는데 마침 그날 방송은 피아노 페달의 올바른 사용법을 다루었다. 방송에서 쉴 새 없이 "페달, 페달"

하는 소리를 듣고 있자니 모든 말이 다른 뜻으로 이해되었다.* 어찌나 웃었는지 눈물이 다 났다.

　필립스 사가 나에게 리카르도 샤이의 지휘로 협연한 라흐마니노프의 〈피아노 협주곡 3번〉 실황 음반을 출시하자고 제안했다. 나는 "넬손 프레이레와 음반을 한 장 같이 녹음하는 조건으로" 수락했다.

　넬손의 인생에서 가장 큰 행복은 음악에 있다. 나는 그렇지 않다. 물론 나에게도 음악은 크나큰 즐거움이다. 당연한 소리! 하지만 나는 다른 행복을 원한다…….

작곡가들

베토벤은 내가 첫 번째로 열광했던 작곡가다.

베토벤은 나를 기쁨에 몰아넣는다. 짜릿하게 한다.

나는 슈만을 좋아한다. 그의 내면의 목소리가, 숨겨진 모든 것이 좋다.

때때로 〈어린이 정경〉을 치면서 눈물을 흘린다. 슈만을 연주할 때는 왕왕 있는 일이다.

피아졸라가 나를 위한 작품을, 협주곡을 하나 쓰고 싶어 했는데 성사되지 못했다.

모차르트는 늘 약간 겁이 난다. 다니엘 바렌보임은 모차르트의 음악과 아주 자연스럽게 어우러진다. 다니엘과 함께 〈두 대의 피아노를 위한 소나타〉를 연주할 때 내가 물어봤다. "모차르트를 제대로 이해하게 된 게 언제부터야?" 다니엘이 대답했다. "그의 오페라를 지휘한 다음부터지."

브람스는 '심오한 것처럼' 보인다. 그런데 진짜 그렇게 심오한가?

넬손은 내가 브람스를 좋아하면서 그 사실을 모르고 있다고 주장한다. 그 친구 말이 맞는 것 같다.

브람스가 나에게 잘 맞는 작곡가는 아니다. 나를 지나치게 슬프게 하므로.

작품들

하루는 라디오에서 슈만의 피아노 협주곡이 흘러나오기에 귀 기울여 들었다. 좀 건조한 느낌이 들었다. '엘렌 그리모인가'라고 생각했다. 이어서 기교가 현란한 악절이 나왔다. '아니, 키신인가?' 연주가 끝나고 라디오 진행자가 지휘자는 로스트로포비치, 연주자는 나라고 알려주었다.

〈어린이 정경〉은 청중이 아니라 나 자신을 위해서 연주하는 심정이 되는 작품이다. 연주가 좋게 들리는지 어떤지는 잘 모르겠다. 그건 아주 내밀한 음악이다.

내가 연습했던 작품 중 가장 어려웠던 것은 슈만의 피아노 사중주다.

바흐의 피아노 협주곡 중에서는 〈네 대의 피아노를 위한 협주곡〉밖에 치지 않는다. 나머지 작품들은 마음에 안 든다. 뭔가 좀 괴상하다.

쇼팽의 〈피아노 협주곡 2번〉은 1번보다 훨씬 어렵다. 손 위치를 시종일관 바꿔야 한다.

브람스의 〈피아노 협주곡 1번〉 첫 악절을 치는데 나이 많은 피아니

스트들이 떠오르면서 이런 생각이 들었다. '아, 가엾은 사람들!'

차이콥스키의 〈피아노 협주곡 1번〉은 리카르도 카스트로가 지휘하는 바이아 청소년 오케스트라와 함께 토리노와 로마에서 연주했다. 이 작품이 편안하게 느껴지기 시작했다.

굴다는 바흐의 〈토카타 E단조〉를 열네 살 때 녹음했다. 그의 음악적 본능은 완벽하다. 넬손은 내가 이 작품을 굴다와 매우 흡사한 박동으로 연주한다고 말해주었다. 굴다도 그 점을 알아차렸을 것이다. 그는 내가 다른 스승을 찾아야 한다고 여러 차례 말하곤 했다. 굴다본인도 자기 스승을 모방하게 된 경험이 있으니까. 굴다의 스승 자이들호퍼는 연주회 무대에 서지 않았다. 반면, 굴다는 청중 앞에서 연주를 하는 사람이었다. 넬손은 이 토카타를 연주회마다 레퍼토리에 꼭 집어넣는다. 이 작품은 우리 둘만의 비밀 전화선이 되었다.

음표들이 반복되는 도메니코 스카를라티의 소나타*는 앙코르 무대에서 자주 치는 곡이다. 어릴 때 익혀두고는 두 번 다시 연습한 적 없다.

•   소나타 D단조, K. 141.

지휘자들

첼리비다케는 말하곤 했다. "연습은 연주회 당일에 '예스'라고 말하기 위해 '노'라고 말하는 200가지 방법을 검토하는 겁니다."

나는 스트라빈스키의 〈결혼〉을 녹음할 때 번스타인을 처음 만났다. "당신은 에트루리아인의 눈을 가졌군요." 나는 번스타인에게 감탄했다. 그는 이례적으로 재능이 풍부한 음악가다. 작곡가, 재즈아티스트, 피아니스트, 오케스트라 지휘자일 뿐 아니라 교육자 역할까지 해냈다.

테미르카노프를 좋아한다. 그의 유머 감각은 기가 막힌다. 그는 캐리커처도 잘 그린다.

지휘자는 독주자가 아니다. 아바도도 연습을 엄청나게 하지만 기악적 구현에 노예처럼 매여 살지는 않는다. 우리 같은 독주자들은 머리만 열심히 굴려서는 아무것도 안 된다. 연주는 신체의 일이기 때문에 우리 뜻대로 되지 않는 것이 아주 많다. 컨디션을 잘 관리해야 하고, 반사신경이 좋아야 한다. 피아니스트를 겸하는 지휘자들은 지휘를 할 때보다 피아노를 연주할 때 훨씬 더 예민하게 신경을 곤두세운다.

친구들

　죽음이 내 옆을 비껴갔다. 나와 가장 친한 친구 크리스티안 수레에게는 그런 운이 따라주지 않았다. 내가 악성 흑색종 진단을 받던 날, 그녀는 자신을 여섯 달 동안 지독히 괴롭혔던 암에 발목을 잡혀 영영 눈을 감았다.

　나는 크리스티안을 제네바 콩쿠르에서 처음 만났다. 그녀는 나의 연주를 듣고 피아노를 그만두었다. 크리스티안은 나보다 여섯 달 먼저 태어났다. 부모는 스위스인과 그리스인이었다. 우리 사이는 청소년기에 맺어진, 더없이 끈끈한 우정이었다.

　리다는 내가 매혹되었던 여자다. 그녀는 피에르 푸르니에의 아내였고, 전남편은 그레고르 피아티고르스키였다. 위대한 첼리스트들하고만 사는 운명인가. 그녀는 허구한 날 푸르니에에게 "그리샤*는 그렇게 연주하지 않았는데……" 소리를 해댔다. 리다는 러시아 여성 특

　●　그레고르의 애칭.—옮긴이 주

유의 아름다움을 지닌 사람이었고 자기 머리에 떠오르는 생각을 필터 없이 말했다. 그녀는 푸르니에만 바라보고 사는 여자가 아니었다. 변명이랍시고 한 손은 머리를, 다른 손은 허리를 가리키면서 이렇게 말한 적도 있다. "이해하지, 나는 그이를 여기서부터 여기까지만 사랑하거든⋯⋯." 나는 그녀를 기억하는 뜻에서 첫 딸의 이름을 리다라고 지었다.

아니는 슈테판 아슈케나제의 아내였다. 태양 같은 사람! 그녀는 물병자리다. 니키타 마갈로프처럼, 재클린 뒤프레이처럼, 나의 첫 매니저 파울젠처럼. 둘째 딸 아니의 이름을 그녀에게서 따왔다.

내 인생에서는 우정이 사랑보다 중요했다. 내가 가장 사랑했던 남자는 여전히 내 친구다.

늘 주의를 기울여야 한다. 내가 좋아하는 사람들이라고 해서 그 사람들끼리도 서로 좋게 생각하라는 법은 없다. 나는 매사 자연스러운 것을 좋아하고 사교적인 사람은 절대 아니다.

나도 어떤 무리에 들어가면 좋겠는데, 어울릴 만한 사람들을 찾기가 쉽지 않다. 나는 항상 친구와 일대일로 만나든가, 두세 명으로 구성된 소그룹에 끼어서 지냈다. 우르르 몰려다니는 것도 신나고 재미있을 성싶다.

크롬랭크 부부는 보기 드문 사람들이었다.* 두 사람은 정말로 행복

---

*   클라브 사에서 여러 장의 음반을 녹음한 부부 피아니스트 파트릭 크롬랭크와 다에코 크롬랭크를 가리킨다. 20년간 행복한 결혼 생활과 연주 커리어를 쌓아왔으나 남편이 먼저 자살하고 아내가 그 뒤를 따라 자살한 듯 두 구의 시신으로 발견되었다.—옮긴이 주

해 보였다. 나는 그 부부를 진심으로 좋아했다. 내 어머니가 돌아가실 때, 다에코는 러시아에 있던 나를 대신해 세 시간 가까이 내 어머니의 팔을 정답게 쓸어주고 보듬어주었나.

나의 딸들

웃자고 하는 얘기지만, 우리 집에서는 아니가 아빠, 스테파니가 엄마, 내가 아이라고들 한다.

스테파니는 내가 생각하는 여자 이상형이고 아니는 남자 이상형이다.

스테파니는 여행을 좋아하지 않았고 내가 어디 가는 것도 싫어했다. 그래서 여권을 몰래 숨겨놓곤 했다. 아니는 스테파니가 나에게 매달리지 않도록 기발한 구실을 만들어냈다. "우리, 욕실에 딱정벌레 있는지 보러 갈까?"라면서 말이다.

스테파니는 나 보라고 여기저기 메모를 남겨놓았다. '엄마 최고', 뭐 그런 유의 메모를. 그 애는 애곳덩어리였다. 나는 스테파니에게서 나 자신을 보곤 했다. 가끔은 얘가 당장 폭발하겠구나, 하고 느낌으로 알았다. 내가 어릴 적에 그랬던 것처럼. 스테파니는 내 리듬에 완벽하게 부합했다. 그 애는 피아노 밑에서 잠이 들곤 했다. 미셸 베로프가 한때 그 애를 참 잘 돌봐줬다.

리다를 임신했을 때 나는 아이 아버지 첸*을 따라가고 싶지 않았다. 내 어머니와 함께 살고 싶지도 않았다. 나는 아이를 원하지 않았다. 아이를 원해서 낳은 적은 없다. 하지만 아이가 태어나면 정이 생겼다.

셋째인 스테파니를 낳으면서 나는 처음으로 엄마 자격을 얻었다. 전에는 여의치가 않았다. 진짜 엄마가 되기까지, 연습이 아주 많이 필요했다.

* 합창단 지휘자 첸량셩(陈亮声).—옮긴이 주

세 딸들(왼쪽부터 스테파니, 아니 뒤투아, 리다 첸)과 시간을 보내는 마르타 아르헤리치
(ⓒ Stéphanie Argerich)

젊은 피아니스트들

내 딸 리다의 친구 바보Vavo는 루가노 페스티벌에 참여한 연주자 가운데 다섯 명과 사귀어봤다고 고백했다. 나는 그에게 포켓 카사노바가 따로 없다고 말했다.

아드리엘 만수르는 아르헨티나에서 카르멘 스칼치오네를 사사했다. 내 취향에 맞는 연주는 아니지만 엄청난 잠재력이 느껴지는 피아니스트다. BSI이탈리아 스위스 은행의 기지 씨가 카데나비아 국제 피아노 재단에서 수학할 수 있도록 장학금을 주겠다고 했다. 그 친구를 어머니와 함께 루가노로 오라고 했다. 그런데 그 친구가 자취를 감추었다. 그는 예정된 연주 무대에 오르지 않았다. 어째서 연주를 하지 않았을까? 어쩌면 그는 오직 자기만을 위한 연주를 하고 싶었는지도 모른다. 아니면, 어머니에게 벌을 주고 싶었는지도…….

마우리치오 발리나는 기억은 잘 안 나지만 모스크바에서 처음 봤다. 그 후 그 친구가 나의 레닌그라드 연주회를 보러 왔다. 여자 친구 두 명과 함께 왔는데 한 명은 쿠바 사람, 다른 한 명은 스페인 사람이었다. 그 친구를 한참 뒤에 스페인에서 다시 볼 기회가 있었다. 그는 취리히에서 살다가 브뤼셀로 왔다. 나는 그를 카데나비아 재단에 추천했다. 그 친구는 사람이 참 괜찮다. 나는 그를 믿는다……. 잘생겼는데도 말이다. 그에게도 자기만의 세계가 있다. 그는 감성이 매우 뛰어나다.

영성

열 살 때는 세례를 받고 싶었다. 나는 실존적 불안을 품고 있었다. 교회에 자주 갔지만 꼭 미사 시각에 맞춰서 갔던 것은 아니다. 나는 성인들의 생애나 초기 그리스도교 신자들 이야기를 좋아했다. 사회적 불의는 나의 가장 큰 관심사였다.

첫영성체를 했지만 엄숙하게 격식을 갖춘 자리는 아니었다.

플라톤의 『향연』에서 소크라테스는 '다이몬'이 인간의 사유에 신적인 영감을 불어넣는 내면의 영靈이라고 말한다. 라틴어 '게니우스genius'에 상응하는 단어인 셈이다. 그리스도교는 이 단어에서 부정적 의미, 즉 '악마demon'라는 의미만을 취했다. 안타깝게도.

나는 연습할 때 리추얼이 있다. 연주회 사흘 전에, 세 번 쳐본다. 어려운 악절은 다섯 번씩 친다. 이 숫자는 내가 선택한 것이다. 나에게 길한 숫자는 3과 5, 그리고 (밝히진 않겠지만) 불길한 숫자도 있다. 니콜라스 안젤리치는 악보에 불행을 부르는 소절과 페이지가 있다고 했다.

『다빈치 코드』의 성공은 현대적 삶으로 채워지지 않는 불안이 잔존함을 보여준다. 음악에도 미스터리가 있고—모든 것을 해독할 수는 없다—분명히 영적인 세계가 있다. 신의 말씀은 아니지만 거의 진배없는 그 무엇이.

스카라무차

그는 조그만 콧수염을 길렀다. 나는 일주일에 두세 번 그의 집으로 갔다. 어머니는 그의 입에서 나오는 모든 말을 속기로 기록했다. 그는 어머니에게 책 한 권을 헌정하면서 이렇게 썼다. '나의 영리한 협력자에게.'

나는 그의 조교 카르멘 스칼치오네와도 연습을 했다. 그녀는 넬슨 괴르너의 스승이기도 하다. 스카라무차는 카르멘 스칼치오네에게 집착했다.

그는 성인 제자들만 받았다. 나와 브루노 겔버는 예외였다.

스카라무차는 걸핏하면 화를 냈다. 한번은 "바보 천치는 나에게 배우러 오지를 말아야지!"라고 고함을 지르기도 했다. 내 어머니조차 눈물을 흘렸을 정도다. 나는 울지 않았다! 그 선생님 앞에서는 절대 울지 않았다. 어느 여학생은 겁에 질린 나머지 의자에 오줌을 지리기까지 했다. 스카라무차는 왕왕 지난번 레슨에서 요구했던 것과 완전히 상반되는 요구를 하곤 했다. 제자는 스승이 시키는 대로 잘만 했는데도 '머저리' 소리를 들었다.

스카라무차는 쌍둥이자리, 모순으로 가득 찬 인물이었다. 이탈리아 크로토네에서 태어나 나폴리에서 음악을 공부하고 아르헨티나로 건너왔다. 폴리니를 가르쳤던 카를로 비두소와는 정반대다. 비두소는 아르헨티나에서 태어났지만 나중에 이탈리아로 건너가 그곳에 정착했으니까.

스카라무차는 무자비했다. 나는 울음이 터질 것 같으면 선생님 콧날의 무사마귀를 죽어라 노려보면서 위기를 넘겼다. 그는 우리를 '마멋marmottes, 아이들을 낮춰 부르는 표현'이라고 불렀는데 자기만의 과장된 표현이었다. 제자들의 협주곡을 지휘하긴 했지만 본인은 무대공포증 때문에 청중 앞에서 연주를 하지 않았다. 게다가 그는 그 무대공포증을 제자들에게도 전수했다. 제자들에게 "너는 결국 못할 거다"라고 말하곤 했으니까. 어쩌면 스카라무차도 우리와 함께 연주 무대에 오르고 싶었는지 모른다.

스카라무차는 연주 기법을 따로 연습하지 못하게 했다. 작품 속에 연습이 될 만한 악구나 기법이 다 들어 있기 때문에 작품만 잘 치면 된다고 했다. 그 말이 옳다. 곡을 치는 즐거움을 지켜야 한다. 그게 깨지면 끔찍해진다!

내가 여덟 살이 되자 스카라무차는 더 이상 레슨을 하지 않겠다고 했다. 아버지가 그를 만나러 갔다. 스카라무차가 우리 아버지에게 그랬단다. "그 애는 내 모든 것을 빨아먹으면서 나한테는 아무것도 주지 않아요."

레슨을 하면서 이런 일도 있었다. 스카라무차가 나에게 "한 번 더 해봐"라고 했다. 나는 힘이 들어 죽을 지경이었다. "자, 다시." "죽을 것 같아요." "그럼 죽든가!"

그의 지론은 이러했다. "제자들은 검과 같아. 구부리는 순간 부러져 버리는 제자들이 있고, 휘어졌다가도 원래 형태로 돌아오는 제자들이 있지." 그러고서 이 말을 덧붙였다. "나는 전자를 더 좋아한단다."

굴다

빈에서 나는 그의 유일한 제자였다. 하루는 내가 슈베르트의 소나타를 연습하지 않고 레슨에 갔더니 굴다가 이렇게 말했다. "난 네가 재능이 있다고 생각했다, 아르헤리치." 그는 머리끝까지 화가 나 있었다. 그러면서도 라벨의 〈밤의 가스파르〉와 슈만의 〈아베그 변주곡〉 악보를 주면서 연습을 해 오라고 했다. 그러니까 나를 아주 가망 없는 제자로 보지는 않았던 모양이다.

굴다는 제네바 콩쿠르에서 베토벤의 〈피아노 협주곡 4번〉과 작품번호 111번〈피아노 소나타 32번〉을 연주했다. 그다음에는 하루에 한 악장꼴로 베토벤의 스물여덟 개 소나타를 모두 익혔다.

굴다의 스승 브루노 자이들호퍼가 그에게 물구나무를 서면 머리에 피가 잘 돈다는 말을 했다. 그날부터 굴다는 연주회 무대에 오르기 전에 머리로 물구나무를 서는 습관을 들였다.

동료들

브루노 겔버

그는 내가 샌타모니카에서 입원 생활을 할 때 전화를 자주 걸어주었다.

예브게니 키신

베르비에 페스티벌에서 그의 연주를 처음 들었을 때 완전히 반했다. 배가 팽팽해지고 자기磁氣를 띠는 것 같았다……. 그는 극도로 집중해 있었다. 피아노 연주라는 차원에서 경이로울 정도였다.

내 연주가 썩 마음에 들진 않았지만 그럭저럭 넘어갔을 때 키신은 나에게 잘 들었다고 말한다. 내가 아주 날아다닌 날은 그가 "마르타 아르헤리치처럼 연주를 하시던데요"라고 말해준다. 브람스와 모차르트를 치면서 감흥을 느끼지 못했을 때, 키신은 이렇게 말했다. "선생님, 스크랴빈을 쳐보셔야 해요." 괴상하지 않은가? 나는 그게 좋다. 그가 하는 말은 적절하지 않을지언정 진실하다. 어쩌면 자신의 감상을 보여주는 하나의 방식인지도…… 모르겠다.

이보 포고렐리치

포고렐리치가 쇼팽 콩쿠르 결선에 진출하지 못했을 때 내가 '쾅 소리 나게 문을 닫고' 나왔다는 얘기는 사실이 아니다. 나는 콩쿠르에 초대받아서 기뻤지만 심사위원단의 일원이라는 사실은 수치스러웠다고 말했다. 나중에 니키타 마갈로프도 나처럼 자리를 박차고 나오지 않은 게 후회된다고 했다. 그 사람 성격에 맞지 않는 일이어서 그러지 않았을 뿐이다. 포고렐리치는 콩쿠르 직후에 연주회를 열고 큰 성공을 거두었다.

심사위원 가운데 이보에 대해서 "토할 것 같다"고 말한 사람이 있었다. 심사위원단장도 투표를 기권하려 했다. 거의 있을 수 없는 일이다.

어느 음악학자는 나에게 이렇게 털어놓았다. "그에게 표를 던진다면 내 평생의 작업을 부인하는 꼴이 될 겁니다." 어떤 사람은 이렇게 내뱉었다. "이건 쇼팽의 '디스코' 버전이에요." 나는 세르게이 도렌스키에게 이보의 연주를 들으면 호로비츠가 생각난다고 했다. 도렌스키는 대꾸했다. "천만에요, 호로비츠는 (두 팔을 들어 올리면서) 저기고 그 친구는 (두 팔을 늘어뜨리면서) 여깁니다." 당시 분위기는 흉흉했다. 야루젤스키 장군이 검은색 선글라스를 끼고 앉아서 예선을 참관했다. 그가 쿠데타를 일으키기 한 해 전이었다.

이보는 유고슬라비아 출신이었기 때문에 호감을 사지 못했다. 믿을 수 없으리만치 잘생긴 청년이었다. 흰 셔츠에 가죽 바지를 입은 모습도 엄청 튀었다. 그는 자기보다 나이가 몹시 많은 자기 스승과 결혼했다는 사실로도 알려져 있었다. 그의 아내이자 스승인 알리사 케제랏제는 자그레브 음악원에서 가르쳤는데 독특한 음색을 내는 연주자였다. 그녀가 리스트의 기법에 대한 비밀을 안다는 얘기도 있었다.

최근에 포고렐리치를 일본에서 다시 만났다. 그는 연주회를 마친 참이었고 나는 상을 받으러 갔을 때였다. 그는 칠부바지에 케이프와 머플러를 두르고 부채를 들고 있었다. 머리를 박박 민 그는 영화 〈왕과 나〉에 나오는 율 브리너와 비슷했다. 살이 많이 빠진 모습이었다. 리스트가 마흔일곱 살 때 찍은 사진이 생각났다……. 그도 천칭자리 피아니스트다!

이보 포고렐리치는 어느 한 분야에 재능을 타고난 사람들은 대개 다른 쪽에도 재능이 있는 것 같다고 했다. 요즘은 그런 재능이 주로 기술 분야로 쏠리는 것 같다. 예술 쪽에는 좋은 소식이 아니다.

예핌 브론프만

그가 해준 일들을 나는 영원히 잊지 못할 것이다. 스테파니가 뉴욕에서 첫 약혼자와 깨졌을 때 그는 고맙게도 그 애의 이야기를 다 들어주고 힘이 되는 말을 해주려 애썼다.

그리고 내 남동생이 죽었을 때 그가 보낸 팩스처럼 감동적인 것은 없었다. 그는 자기 이야기가 아니라 내 남동생 이야기를 하면서, 그 애를 알았다는 사실이 행복하다고 말해주었다.

다니엘 바렌보임

우리 어머니가 그를 정말 좋아했다. 하루는 다니엘이 나에게 이런 말을 했다. "네가 나를 좋아하는 것보다 내가 너를 더 많이 좋아해." 나는 아무런 대꾸도 하지 않았다.

다니엘 바렌보임에게 일을 너무 많이 하는 게 아니냐고 물어본 적이 있다. 그가 대답했다. "내가 하는 일의 95퍼센트는 내가 신나서 하는 일이야." 극히 일부이지만, 양이 질을 깎아 먹지 않는 사람이 있다. 보기 힘들어서 그렇지, 그런 사람이 있긴 있다.

다니엘 바렌보임이 베토벤의 소나타를 치다가 재클린 듀프레이에게 의견을 구한 적이 있다. "프레이징을 어떻게 하는 게 더 좋아?" 재클린이 피아노에 다가와서는 아예 다른 해석을 제안했다. 바렌보임이 한 방 먹었다. 그녀의 해석이 훨씬 좋았기 때문이다.

다니엘이 나에게 웨스트 이스턴 디반 오케스트라와 아르헨티나에서 연주를 하자고 문자를 보냈다. 나는 곧바로 그러자고 문자를 보냈다. 그 오케스트라가 처음 결성된 때부터 나는 그들의 음악적이고 인간적인 행보에 관심이 갔다. 그렇게 해서 우리는 베토벤의 협주곡을 무대에 올렸고 오케스트라 소속 첼리스트 두 명, 호르니스트 두 명과 함께 슈만의 〈두 대의 피아노를 위한 안단테와 변주곡〉도 연주했다. 그 연주자들은 대단히 반듯하고 열심히 하는 데다가 성격도 좋았다. 이스라엘-팔레스타인 분쟁이 격화되면 오케스트라 안에서도 긴장이 불거지고 격렬한 토론이 일어난다고 한다.

　내가 그들의 토론을 지켜볼 수 있었던 것은 매우 예외적인 일인데 상당히 흥미로웠다. 누구나 완전히 자유롭게 의견을 내놓을 수 있었다. 연주자들 외에도 시리아인 작곡가와 이스라엘인 작곡가가 한 명씩 있었다. 나는 나자렛에 산다는 열일곱 살짜리 팔레스타인 소년과 이집트인 여러 명과 대화를 나누었다. 부악장은 시리아인이었는데 요르단 여권을 가지고 있고 〈로스앤젤레스 타임스〉 일을 한다고 했다. 경이롭게도, 이 오케스트라에서는 모두가 평등하다. '이등 시민'은 없다. 위계질서는 순전히 음악적인 것에 한정된다. 평등하지 않으면 잘 협력할 수 없다. 이 오케스트라가 나타내는 희망은 원대하다. 또한 이 오케스트라야말로 대화는 언제나 가능하다는 증거다. 경험으로 그 사실을 알 수 있었음에 행복하다. 연주회 이후에 나는 디반 오케스트라의 '명예 회원'으로 추대되었다.

　연주회 다음 날, 다니엘과 나는 우리가 어릴 때 함께 피아노를 쳤던 에르네스토 로젠탈의 집에 다시 가보았다. 에르네스토 로젠탈은 아마추어 바이올리니스트이자 예술 후원자였는데 부에노스아이레스를 방문하는 위대한 음악인들은 다 그 집 살롱을 거쳤다. 그는 탈카우아노 1257번지에 살았다. 벨을 눌렀는데 사람이 없었다. 집에 올라가 보았다. 그곳은 완전히 탈바꿈했다. 옛날 '빈 양식'의 실내 장식은 온데간데없었다. 다니엘은 좋아졌다고 했지만 나는 왠지 좀 슬펐다.

오랜 동료이자 친구인 마르타 아르헤리치와 다니엘 바렌보임

(© Deutsche Grammophon)

엘렌 그리모

한동안은 잘 알고 지냈다. 나의 브뤼셀 집에도 자주 왔었다. 엘렌은 내 딸 스테파니와 친했다. 그녀의 연주에는 뭔기 설득력이 있는데 그건 그녀의 지성에서 나오는 특성이다. 그렇지만 그녀는 비르투오소가 아니다. 그녀의 손가락이 아주 희한한 위치에 가 있었던 것이 기억난다.

니콜라스 안겔리치

그가 루가노에서 카퓌송 형제와 함께 연주한 멘델스존의 삼중주가 인상 깊었다. 아주 특별한 경우로, 충분히 매력 있었다. 그는 루가노에 아주 많은 짐 가방과 아주 풍부한 레퍼토리를 가지고 왔다. 인간적인 면에서도 관심이 가는 친구다. 그렇지만 나는 그를 잘 알지 못한다. 어릴 적에는 어떤 연주를 했는지도 모르고, 함께 음악을 해본 적도 없다.*

---

* 이후에 마르타 아르헤리치와 니콜라스 안겔리치는 두 대의 피아노로 여러 차례 연주 무대를 가졌다.

거장들

블라디미르 호로비츠

피아노에게 일어날 수 있는 가장 좋은 일.

피아노가 꿈꿀 수 있는 최고의 연인.

나는 그를 만나러 미국까지 갔지만 그의 비서와 오해가 좀 있어서 일이 원활하게 풀리지 않았다. 나는 뉴욕에 쭉 머물면서 텔레비전이나 보며 지냈다. 어머니는 낙담해서 세르킨과 밀스타인에게도 전화를 걸었지만…… 별수 없었다. 그러다 마침내, 로스앤젤레스에서 그의 연주회를 보고 난 뒤 얼굴이라도 마주칠 수 있었다. 내 딸 아니가 그에게 장미 한 송이를 내밀었다. 그가 나를 알아보고 영어로 이렇게 말했다. "당신은 최고예요!"

처음으로 호로비츠의 연주를 공연장에서 직접 들은 곳은 뉴욕, 라흐마니노프 〈피아노 협주곡 3번〉이었고 지휘자는 유진 오르만디였다. 그는 신들린 사람 같았다. 불, 사나운 기운, 전기가 뿜어져 나오는 것 같았다. 나는 그런 경험을 해본 적 없었다.

로스트로포비치는 호로비츠의 운지법보다 페달 사용법에 더 매료되었다. 호로비츠는 위장병이 있어서 심한 복부팽만 때문에 연주회를 취소하는 경우가 더러 있었다.

호로비츠는 내가 연주한 리스트의 〈헝가리 광시곡 6번〉 음반을 좋아했다. 전해 들은 이야기이지만, 그는 친구들에게 그 음반을 틀어주고 자기 연주라고 속인 뒤 친구들의 반응을 보기도 했단다.

아르투로 베네데티 미켈란젤리

완다 호로비츠가 미켈란젤리를 두고 이런 말을 했다. "그 사람이 저음부 옥타브를 치는 방식을 참을 수가 없어요." 나는 호로비츠도 같은 방식으로 친다는 것을 알고 있었기 때문에 이렇게 응수했다. "하지만 굉장히 익숙하실 텐데요." 완다가 대꾸했다. "바로 그 이유 때문에 못 참겠다고요."

나는 미켈란젤리에게 레슨을 받기 위해 리스트의 〈메피스토 왈츠〉, 쇼팽의 〈스케르초 2번〉과 〈피아노 협주곡 1번〉, 베토벤의 〈에로이카 변주곡〉을 연습했다. 1년 반 동안 레슨은 겨우 네 번뿐이었다! 우리는 접촉이라고 할 만한 것이 없었다. 나는 그가 내게 하는 말을 이해할 수 없었다. 어쩌면 이해가 가지 않았다기보다는 관심이 가지 않았는지도.

미켈란젤리는 우리가 각자 쓰는 향수가 어우러질 수 없다고 했다. 나에게 자기가 쓰는 향수를 한 병 선물하기도 했다. 나는 식탁 위의 내 자리에 놓여 있던 냅킨 밑에서 그 향수를 발견했다. 그가 유일하게 공유를 거부하는 것이 바로 음악이었다. 나중에 내가 레슨을 그렇게 안 해주는 이유가 뭐냐고 물어봤다. 그는 나중에 가르치는 일을 할 사람에게나 레슨을 한다고, 연주자로서 커리어를 쌓을 사람은 자신의 조언을 마음에 담아두지 않았으면 한다고 했다.

다니엘 바렌보임이 파리 오케스트라를 이끌 때 아르투로 베네데티 미켈란젤리를 연주자로 초청한 적이 있다. 미켈란젤리는 니노 로타의 협주곡을 하고 싶어 했다. 다니엘은 그에게 베토벤은 어떻겠느냐고 했다. 미켈란젤리는 그 제안을 수락했다. 리허설을 하는 동안 그가 다니엘에게 털어놓은 이야기가 있다. "자네가 로마 콩쿠르에 나왔을 때 심사위원 중 딱 한 명이 반대표를 던졌지. 그게 바로 나였어. 이유가 뭔지 아나? 자네가 베토벤 작품번호 111번을 들고 나왔기 때문이야. 나는 자네가 그 곡을 치기에는 너무 어리다고 보았지. 그런 곡을 들고 나가게 하다니, 자네 아버님이 실수하신 거야." 희한한 얘기 아닌가?

내가 이 일화를 피아니스트 레모 레몰리에게 들려주었더니 그는 미켈란젤리가 다니엘과 같은 나이에 콩쿠르에 나갔었다고 말해주었다. 그때 연주한 작품이 뭐였느냐고? 베토벤 작품번호 111번이다.

하루는 미켈란젤리의 연주회를 보러 갔다. 객석에 아르투르 루빈스타인도 와 있었다. 나는 그를 흘끔흘끔 곁눈질했다. 루빈스타인은 하품을 하질 않나, 노골적으로 지루한 척했다. 퀸 엘리자베스 콩쿠르에서 미켈란젤리에게 반대표를 던졌던 심사위원은 루빈스타인이 틀림없지 싶다.

미켈란젤리는 이렇게 말하곤 했다. "나는 남들이 보는 데서 일하고 싶지 않은 고급 창녀 비슷하지."

니키타 마갈로프

사랑은 아니었다. 슈테판 츠바이크의 『감정의 혼란』이랄까. 그래, 딱 그거다.

그가 어느 브라질 가수에게 물었다. "여자가 좋아요, 남자가 좋아요?" "둘 다요!" "당신 말이 맞아요, 그게 요즘 유행이지."

니키타는 나와 성향이 비슷해서 몹시 에둘러 말하는 편이었다. 그가 내 집으로 전화를 걸었는데 내 친구 쿠쿠차가 받은 적이 있다. "마르타에게 나는 오후 6시에 떠날 거라고 전해주시오." 쿠쿠차가 되물었다. "마르타에게 6시 전에는 와야 한다고 전하면 될까요?" 니키타가 말했다. "아니, 나는 그렇게 말하지 않았소. 마르타에게는 그냥 내가 6시에는 나가야 한다고 전해주시오." 쿠쿠차는 이 화법을 이해하지 못했다. 진짜 하고 싶은 말이 뭔지 이해되지 않았던 것이다. 나는 잘 알아들었다. 나에게는 아주 편안한 화법이었다.

유라 궐러

호로비츠는 그녀를 매우 존경했다. 유라 궐러는 제네바 음악원에서 피아노를 가르쳤다. 그녀의 남편이 플레야드 총서 기획자다. 우리는 아주 친했다. 그녀는 뮌헨에서 사망했다. 나를 비롯한 여러 음악인이 십시일반으로 그녀에게 돈을 보내고 있었다. 메뉴인은 그녀를 크

슈타트에 자주 초대했다. 나도 뉴욕 카네기홀에서 그녀를 위한 연주
회 자리를 마련했다. 그녀는 "사람들이 나를 무슨 무덤에서 도로 나
온 시체 보듯 한다"고 말했다. 유라 귈러는 루마니아 출신의 위대한
피아니스트다. 어머니가 그녀를 낳느라 목숨을 잃었다고 한다. 그래
서 그녀의 오빠는 평생 여동생을 원망하면서 살았다나.

클라라 하스킬Clara Haskil

하루는 니키타가 나를 자기 차로 그녀의 집까지 데려다주었다. 그
시절의 나는 완전히 골초였고, 옷에도 담뱃불 구멍이 나 있기 일쑤였
다. 니키타가 말했다. "클라라의 집에서는 담배 피우지 마. 몸이 편찮
으셔. 중병이야." 클라라 하스킬은 자매들과 함께 살고 있었다. 그녀
는 나의 연주를 지켜본 후에 말했다. "내가 마르타처럼 할 능력이 있
다면 하루 종일 피아노에만 붙어 있을 거예요." 그녀는 매우 친절한
사람이었다. 나는 그녀가 아르튀르 그뤼모와 함께 녹음한 모차르트
소나타 음반을 무척 좋아한다. 클라라 하스킬은 바이올린 연주에도
능했다. '클라리네트'는 디누 리파티가 그녀에게 붙여준 별명이다. 니
키타 마갈로프의 아내가 두 달 전에 죽었다. 아마 그래서 이런 일들
이 기억에 떠오르나 보다.

슈라 체르카스키Shura Cherkassky

체르카스키가 오케스트라와 협연을 했다. 일을 다 마치고 연주자
들에게 물었다. "나는 이제부터 휴가입니다. 누구, 나랑 같이 놀지 않

을래요?" 그는 외로움을 많이 탔다. 체르카스키는 나에게도 물어봤다. "내가 매력 있다고 생각해요?" 그는 자신이 유명한 피아니스트라는 이유로 같이 자고 싶어 하는 사람은 싫다고 했다. 체르카스키는 남자를 더 좋아했지만 여자와 결혼하고 3년간 함께 살았다. 어느 날, 그는 아내를 알아보지 못했다. 그래서 이렇게 물었단다. "당신, 미용실 다녀왔어요?"

결혼 전까지는 어머니와 살았다고 한다. 슈라 체르카스키는 뺄도 박도 못할 천칭자리, 늘 우유부단하고 결정을 못 내려서 이 사람 저 사람 붙잡고 어떻게 할지 물어보는 사람이었다. 그 점만 빼면, 상당히 체계적인 사람이었고 수영을 많이 했다.

아르투르 루빈스타인Arthur Rubinstein

헤이그에서 독주회 무대에 오르기 전날, 나는 암스테르담에서 기자 친구 한 명, 첼리스트 한 명과 함께 저녁을 먹었다. 오텔 데 쟁드라는 식당이었다. 그 무렵, 나는 아주 우울했다. 갑자기 루빈스타인이 식당에 들어왔다. 친구들이 내 등을 떠밀며 얼른 가서 인사를 하라고 했다. 하지만 당시에 나는 수줍음을 많이 탔다. 결국 우리 모두 그의 테이블 옆으로 갔다. 처음에 그는 내가 마르타 아르헤리치의 친구라고 잘못 알아들었다. 그러고 나서 우리는 대화를 텄다. 루빈스타인은 연주회를 마치고 왔고 주최 측은 그가 혼자 편하게 식사를 할 수 있도록 배려한 터였다. 그는 굉장히 비상하고 매력적인 사람이었다. 그는 내 연주를 보고 싶어 했다.

다음 날, 나는 예정대로 독주회를 했다. 루빈스타인이 오는 건 바라지 않았다. 그가 영화관에 즐겨 간다는 사실을 알고 있었으므로 걱정도 하지 않았다. 하지만 그는 아무에게도 알리지 않고 독주회에 왔다. 무대가 끝나고 그가 대기실로 찾아와서 두 팔을 활짝 벌리고 말했다. "당신은 위대한 예술가예요. 당신 연주를 들으면서 호로비츠가 생각났습니다." 그가 하는 말을 나로서는 어떻게 받아들여야 할지 몰랐다.

연주회가 끝나고 루빈스타인은 택시로 나를 데려다주었다. 그도 헤이그에서 묵느냐고 물었더니 아니라면서 그 늦은 밤에 암스테르담으로 돌아갔다. 그렇게 너그러운 마음 씀씀이가 과연 루빈스타인다웠다. 덕분에 나는 우울감에서 벗어났다.

호로비츠가 루빈스타인에게 물었다. "내가 다시 연주자로 돌아가야 한다고 생각해요?" 루빈스타인은 대답했다. "그럼요, 사람들이 얼마나 당신을 좋아하는지 봐요." 호로비츠는 난색을 표했다. "그래요, 하지만……" 루빈스타인은 계속 그를 안심시켰고 호로비츠는 딴지를 걸었다. 루빈스타인이 한 시간 동안 내리 찬사를 퍼부은 결과, 호로비츠는 기분이 살아나 명랑한 사람이 되었고 루빈스타인은 완전히 지쳐서 기운이 다 빠졌다.

루빈스타인은 이 이야기를 나에게 들려주면서 결론 조로 말했다. "호로비츠는 바보 같아요."

그는 재치 있게 이런 말을 하기도 했다. "그리그의 피아노 협주곡 덕분에 집을 샀지. 그리그가 그 작품을 써서 번 돈보다 내가 그걸 연주해서 번 돈이 훨씬 많을 거요."

챌리스트 피아티고르스키는 루빈스타인과 정반대로, 자신을 결코 믿지 못하는 연주자였다. 피아티고르스키가 로스앤젤레스에서 나에게 이런 말을 했다. "나는 연주자를 할 사람이 못 됩니다." '백만 불 트리오'* 가 연주를 할 때였다. 루빈스타인이 무대에서 내려오면서 이렇게 외쳤단다. "기막힌 연주였어, 그렇지?" '피아트'는 그들이 연주를 완전히 망쳤다고 생각하고 있었는데 말이다.

카를로 제키Carlo Zecchi

카를로 제키는 부조니, 슈나벨과 함께 수학한 놀라운 피아니스트다. 그는 동화 속의 '헨젤과 그레텔'처럼 피아노에 흔적을 남기기 좋아했다. 그는 세계 곳곳에서 엽서를 보냈다. 그는 자기 손에 들어놓은 보험금을 수령해 도박 빚을 갚아버렸고 그 후 다시는 독주회 무대에 설 수 없게 되었다. 그러나 실내악 연주는 계속했고, 오케스트라를 지휘하면서 지휘법을 가르치기도 했다.

알프레드 코르토

에바 페론이 죽은 날, 부에노스아이레스에서 열린 그의 연주회에 참석했다. 그는 쇼팽의 〈24개의 전주곡〉과 〈24개의 연습곡〉을 연주했다. 나는 열 살이었는데 솔직히 그가 잘못 친 음, 구멍 난 기억에 충

---

*　아르투르 루빈스타인(피아노), 야사 하이페츠(바이올린), 그레고르 피아티고르스키(첼로)가 한때 결성했던 삼중주단.—옮긴이 주

격을 받았다. 나중에 음반을 들으면서 코르토를 굉장히 좋아하게 되었다. 그의 상상력, 음색, 특히 루바토의 감각은 정말 특별하다! 굴다는 코르토에게 매혹되었다. 그 점은 호로비츠도 마찬가지다. 유럽에서 호로비츠는 슈나벨과 코르토를 특히 좋아했다. 그는 취향이 나쁘지 않은 사람이었다. 나는 종종 호로비츠와 코르토의 음색이 너무 닮은 데 놀라곤 한다. 그들은 둘 다 천칭자리 피아니스트다.

일본에는 그의 이름을 딴 섬˙이 있다. 굉장하지 않은가?

˙ 코루토(コルトー, 孤留島).—옮긴이 주

여행

언제나 여행 중인 삶. 지겹다.

출발

부모님과 아르헨티나에서 배를 탔다. 부에노스아이레스에서 리우 데자네이루까지 가고, 거기서 다시 리스본으로, 리스본에서는 르아브 르로 가는 배를 탔다. 그다음은 기차로 파리까지 이동했다. 파리에서 사흘을 머물며 베르사유궁전도 가고 루브르박물관도 갔다. 그 후에 는 다시 기차를 타고 빈으로 갔다.

부쿠레슈티

호텔 객실 발코니로 나갔다가 옆방 투숙객이 휴대전화를 난간 사 이에 떨어뜨리는 모습을 보았다. 내가 옷걸이를 빌려준 덕분에 그 사 람은 휴대전화를 낚아 올릴 수 있었다.

스위스

예술가들이 살기에는 완벽한 곳이다. 파업은 절대 없고, 늘 모든 것이 착착 돌아간다. 불쾌한 돌발 사태가 비집고 들어설 틈이 없다.

러시아

공산주의 붕괴 이후로 창녀와 깡패 천지다.

독일

독일 지도를 보고 있으면 구석구석 소도시까지 연주하러 안 가본 데가 없구나 싶다. 독일은 참 좋았다. 청중이 특히 훌륭했다. 당시 독일에는 스타 시스템이 없었다. 연주회가 끝나면 아마추어 음악인들이 거리낌 없이 "그거 어떻게 한 거예요?"라고 묻곤 했다. 그들은 음악과 함께 호흡하고 있었다. 나는 네덜란드에서도 연주회를 많이 했지만 그곳의 청중은 좀 고루했다.

프라하

러시아 전차가 밀고 들어오기 사흘 전, 나는 프라하에서 독주회를 했다. 공항에 아무도 마중을 나오지 않았다. 나는 체코어를 전혀 할 줄 몰랐고 주최 측 연락처도, 호텔 주소도 가지고 있지 않았다. 어쩌다 만난 두 청년을 따라서 유스호스텔로 갔다. 눈앞이 캄캄했다. 나중에 길에서 사람들이 나를 알아봤고 극장까지 데려다주었다.

일본

나는 일본 사람들을 좋아하는데 그 이유는 그들이 매사에 에둘러 말하기 때문이다. 아카네 사카이는 내가 그네들의 암묵적 규율이나 말의 속뜻을 어쩜 그렇게 잘 알아차리느냐며 놀라워했다. 일본인들의 태도에는 굉장히 수수께끼 같은 면이 있는데 그게 내 관심을 끈다. 이를테면, 계약서를 쓸 때 서명은 하면서도 아직 조건에 동의하지는 않았다는 표를 내곤 한다. 서명을 먼저 하고 서명한 내용이 합의에 이를 때까지 협상을 계속 끌고 간다.

폴리니와 나는 오래전부터 일본에서 가장 인기 있는 두 명의 피아니스트다. 그들도 이따금 변덕을 부리긴 하지만 우리의 위상은 변함없다. 일본인들은 나에게 약간 마력 같은 것을 느끼는 모양이다. 그들은 내가 자유분방한 여자라고 생각한다. 남편이 없고, 친구로 지내는 남자들은 많고…… 게다가 내 외모는 동양적이다. 나의 연주는 '여성스럽지' 않다고 할까, 어쨌든 그들이 아는 것과는 다르다. 결정적으로, 나와 폴리니는 모두 쇼팽 콩쿠르 출신이다. 그들에게는 그 점이 아주 중요하다. 나는 일본에서 연주 무대에 자주 섰다. 최근 몇 년은 특히 그렇다.

샤를리와 이혼하기 전, 우리는 일본에서 대판 싸우고 순회 연주를 시작하기 닷새 전에 모든 일정을 취소했다. 일본에서 연주회를 할 때는 만약의 경우 유럽에서처럼 다른 독주자로 대체하기가 쉽지 않다. 나의 연주 취소는 파문을 일으켰다. 거액의 위약금도 문제였고, 일본 무대에 두 번 다시 서지 못할까 봐 두려웠기 때문에 나는 취소한 순회 연주를 두 배로 갚을 수밖에 없었다.

그리하여, 나는 돈 한 푼 받지 않고 비행기표까지 내 돈으로 사서 28일 동안 열네 번 연주회 무대에 섰다. 그렇게까지 하자 그쪽도 감동했다. 나는 불편한 심기를 표 내기 위해 게이 베이비시터를 일본 연주 여행에 대동했다. 페드로는 앙골라 출신으로, 내 딸들을 봐주고 있었다. 그는 대못처럼 삐쩍 마르고 수염을 길렀다. 귀걸이를 했고, 털이 부숭부숭한데 반바지 차림으로 다녔다. 일본 사람들이 보기에는 혐오스러움의 극치였을 것이다.

바보 같은 이 여행들을 나는 바보스럽게 해왔다.

건강

연주 여행을 다닐 때는 오히려 괜찮다. 지금처럼 일정이 끝나고 나면 얼굴이 상한다. 17일간 아홉 번 연주회를 했다. 너무 무리했다.

언젠가는 연주회를 한 시간 앞두고 어금니를 발치했다. 연주회가 있다는 것도 잊고 있다가 막판에 생각이 났던 것이다. 일본에서는 열이 39도로 펄펄 끓는데도 연주를 했다.

피부암 진단을 받고 사흘 뒤에 기돈 크레머와 취리히 톤할에서 프로코피예프 소나타를 연주하기 위해 열차에 몸을 실었다. 나의 가장 친한 친구 크리스티안은 자신의 병에 대해서 뭔가 알아보고 싶었지만 몸이 너무 아프니 그러지도 못한다고 했었다. 그녀는 결국 그 병으로 세상을 떠났다.

나는 전에는 몰랐던 기이한 상태에 눈을 떴다. 자기 몸이 두려워지는 상태. 암은 외부에서 옮겨 오는 세균이나 바이러스가 아니다. 우리 안에 있다…… 처음 암 진단을 받았을 때는 혼자 잠들지도 못하고 두 시간에 한 번씩 깼다. 그다음에는 스스로 되뇌었다. "넌 죽고 싶어,

살고 싶어? 이게 하나뿐인 네 몸이야. 이 몸을 받아들여.”

첫 번째 흑색종이 어머니의 죽음과 가장 친한 친구의 발병 이후에 생긴 것은 결코 우연이 아니다. 나는 면역계에 대한 책들을 닥치는 대로 읽었다.

크리스티안, 나는 그녀의 고통을 가져가고 싶었다. 소원대로 되었던 것이다. 지금은 소강상태다. 암에 완치는 없다. 나 자신에게 많이도 물어봤다. “왜 나에게 이런 일이 일어났을까?” 나는 관계의 단절에 대해서도 그렇게 이유를 찾곤 했다. 주위의 모든 것이 깨지고 망가지면 더 약해지는 기분이 들게 마련이다.

5년 후에 흑색종이 허벅지에 재발했다. 그로부터 1년 후에는 폐로 전이됐다. 암이란 놈은 늘 다른 곳을 공략했다. 1997년 이후로는 아무 문제 없었다. 6개월에 한 번씩 추적 검사를 받아야 한다. 흑색종을 처음 진단받았을 때는 무서웠다. 재발했을 때는 상태가 더 나빴는데도 훨씬 당당하게 대처할 수 있었다.

암이 폐에 전이됐을 때 카얏 박사가 세 개의 안을 제시했다. 그는 샌타모니카의 모턴 박사, 보스턴의 로젠버그 박사, 그리고 뉴욕의 암 연구소를 추천했다. 브뤼셀의 내 주치의 벨뤼 박사가 검사 결과를 전부 번역해서 미국으로 보냈다.

로젠버그는 미국에 와도 유럽에서 해줄 수 있는 것 이상은 없다고 했다. 그리고 이 말을 덧붙였다. “다른 방법이 있긴 한데, 말씀드릴 만한 것은 못 됩니다.” 그는 모턴 박사의 백신을 염두에 두고 그런 말을 했지만 그 백신의 효과를 믿지 않았던 것이다.

벨뤼 박사가 말했다. "미국으로 가세요!" 카얏 박사도 힘을 실어주
었다. "그게 나을 거예요. 미국은 환자와의 관계가 달라요."

모턴 박사는 나에게 직접 전화를 했다. 그는 환자와 직접 얘기하는
편을 선호한다. 병원 체계에서는 흔치 않은 일이다. 그는 자기가 개발
한 백신이 있는데 아직 유럽 승인이 안 났다고 했다. 아직 임상시험
이 다 끝나지 않아서 내가 위약군에 들어갈 수도 있다고…… 모턴은
자신이 흉부외과 전문의라서 폐에 전이된 암도 자신이 직접 수술해
줄 수 있다고 했다. "닷새 후 입원 가능하고 사흘 후 퇴원할 겁니다."

그는 내가 일단 유럽에서 수술을 받고 나중에 백신을 맞으러 오는
방법도 생각해주었다. 나는 그에게 믿음이 갔다. 사흘 후, 에비 아키
코와 함께 캘리포니아행 비행기에 올랐다. 조교수 데이비드 대브티
안을 만났다. 그는 아르메니아 출신인데 나와 아주 친해졌다. 두 의사
가 함께 나를 수술했다. 데이비드는 수술 중에 스캐너에서는 보이지
않았던 뭔가를 손의 촉감으로 발견했다.

수술 날 아침 6시, 나는 모턴에게 피아노를 치는 사람이니 근육이
상하지 않게 주의해달라고 다시 한번 부탁했다. 그는 나를 위해 수술
법을 바꿨다. 근육이 다치지 않게 밑에서부터 들어가기로 한 것이다.

아키코는 자기 돈으로 호텔을 잡아놓고 내가 비용을 돌려주려 해
도 극구 사양했다. 컬럼비아 사는 내가 유럽 은행에서 돈을 인출할
때까지 병원에 보증을 서주었다. 수술비 자체는 6천 달러로 그리 비
싼 편은 아니었다. 하지만 입원 비용이 7천 달러에 달했다.

스테파니와 스티븐이 나를 보러 왔다. 라비노비치도 왔다. 우리는

내가 수술을 받고 얼마 지나지 않아 헤어졌는데 내 결심은 이미 수술 전에 정해져 있었다. 알리시아 데 라로차도 왔다. 나는 샌타모니카에서 바닷가 산책을 늘 나갔다. 나와 친한 피아니스트 비탈리 마굴리스의 집으로 갔고, 거기서 조금씩 되살아나는 기분이 들었다. 에프라임 파스키 디스라엘도 있었다. 열여섯 살 때 제네바에서 알게 된 친구다. 그리고 내 연주를 들으러 일본, 베르비에, 러시아까지 와줬던 소중한 친구 줄리 레시도 있었다. 줄리가 나를 많이 돌봐주었다. 나는 마굴리스의 집이 편했다. 기분이 많이 살아났고, 텔레비전을 보다가 스르르 잠이 들기도 했다.

비탈리 마굴리스의 생일이 다가왔기 때문에 나는 뭔가 선물을 사주고 싶었다. 하지만 비탈리의 아들 유라는 이렇게 말했다. "그보다는 우리가 연탄곡 연주를 하면 어떨까요." 그래서 우리끼리 몰래 연습도 했다. 드디어 생일날이 왔는데 손님이 너무 많았다. 카메라를 든 기자 같은 사람도 있었다. 나는 더럭 겁이 났다. 위층 침실로 올라갔고, 잠이 들어버렸다. 나중에 깨서 내려왔더니 줄리, 비탈리, 라비노비치, 그렇게 서너 명 빼고는 아무도 없었다. 그래서 유라와 함께 베토벤과 슈베르트를 연주했다. 나는 6월에 유럽으로 돌아왔다. 더 머물고 싶은 마음이 있었지만 비자가 나오지 않았다.

회복기의 끝자락은 몽트뢰에서 보냈다. 7월에는 베르비에에 있었다. 미샤, 기돈과 쇼스타코비치 〈피아노 삼중주 2번〉을 연주했다. 나는 세르히오 티엠포, 마굴리스, 에비 아키코에게는 전권을 행사할 수 있었다. 그러한 자리를 마련해준 마르틴 엥스트룀이 매우 고마웠다.

그래서 나에게는 베르비에가 항상 늘 좀 특별하다. 그다음에는 빈으로 건너가 라벨의 〈피아노 협주곡 G장조〉를 연주했다. 그 후에 다이애나 왕세자비의 사망 소식을 들었고 남동생이 자기도 암이라고 알려 왔다.

청중

때때로 사람들은 나에게 깊은 인상을 받았다는 말을 한다. 내가 뭐라고 대답을 해야 하나? "난 아닌데요!" 할 수도 없고.

베로나에서 연주회가 끝난 후 누군가가 내 연주를 듣기 전까지 자기가 음악을 좋아하는 줄도 몰랐고, 그 후로 자기 인생이 바뀌었다고 말해주었다. 근사한 얘기지만 아주 드문 일이다. 나는 클래식 음악과 대중음악이 어우러지는 것을 좋게 본다.

대중과 쉽게 동일시되기 때문에 사랑받는 예술가들이 있다. 비톨드 말쿠진스키Witold Malcuzynski가 그런 경우였다. 그의 연주는 아주 빼어나지는 않았지만 마음을 건드리는 무엇이 있었다. 그리고 사람을 휘어잡고 때때로 침범하기까지 하는 예술가들도 있다. 그들에게로 향할 수밖에 없도록 강하게 끌어당기는 예술가들이.

일본에 사는 어떤 팬은 나하고 말 한마디 나누지 않지만 별의별 것에 다 사인을 받아 간다. 내가 어느 호텔에 묵는지도 항상 알고 있다. 그 팬은 음반이나 프로그램 북을 챙겨 와서 몇 시간씩 대기하고 있다가 내가 나타나면 사인을 청한다.

사회, 정치

얼마 전에는 일본의 소년원에서 연주를 했다. 사회에 다시 나갈 준비를 하는 소년범들 앞에서 말이다. 그 경험은 대단히 흥미로웠다. 넬손 프레이레가 나보고 연습을 하기 싫어서 별의별 일을 다 한다고 놀려댔다. 어떤 사람은 고립된 환경에서만 음악을 할 수 있다. 하지만 나는 좀 더 사회적인 그 무엇을 추구한다.

경범죄자 소년이 연주를 했다. 나와 대화도 나누었다. 하지만 그걸로 충분할까? 아니, 분명히 그건 아니다. 그 소년에게 선생님을 찾아주어야 할 것이다. 지속적인 관심과 지원이 있어야 할 것이다. 그렇지 않으면 다 쓸모없다.

어떤 친구가 말하기를, 우파는 동물을 좋아하고 좌파는 사람을 더 좋아한단다. 동성애자들은 좌파와 더 가깝다고들 한다. 내가 직접 겪은 바로는 그렇지만도 않다. 제복에 느끼는 매혹이 더 강렬하기 때문인지도.

아르헨티나에서 살던 어린 시절에는 나의 선택에 대해 더 급진적이었다. 나는 굴다를 좋아했지만 아라우는 좋아하지 않았다. 클라우디오 아라우는 부르주아들, 차를 즐겨 마시는 나이 든 사람이 좋아하는 피아니스트의 대표 격이었다. 내가 아라우를 비판하는 게 아니다. 그는 놀라운 음악가였다. 내 기억으로, 음악인들 사이에는 두 종류의 우상이 있었다. 토스카니니나 카잘스를 추앙하든가, 푸르트뱅글러나 코르토나 사바타를 추앙하든가. 분연히 거부한 자들과 협력하고 만 자들. 나 개인적으로는 항상 전자에게, 좌파 성향이 있는 예술가들에게 더 관심이 갔다. 나중에 나는 폴리니나 아바도처럼 공장이나 교도소에서도 기꺼이 연주하는 예술가들과 친해졌다.

현재 프랑스의 사회적 위기는 베네수엘라에서 호세 안토니오 아브레우가 추진했던 프로젝트*가 얼마나 중요한지 보여준다. 폭탄을 던지고 불을 지르는 것은 '뭐라도 되고 싶어서'다. 그러한 욕망에 좋은 방향으로 부응하는 것이 무조건 억누르기만 하는 것보다 백번 낫다. 시몬 볼리바르 유스 오케스트라의 젊은 클라리네티스트가 나에게 말했다. "난 이제 무기를 들 필요가 없어요, 클라리넷을 들면 되니까."

리카르도 카스트로는 뛰어난 지휘자이자 실력 있는 피아니스트이기도 하다. 나는 그가 이끄는 바이아 청소년 오케스트라와도 협연했다. 단원 중에 브라질 빈민가 출신의 열세 살짜리 첼리스트가 있었다. 악기를 시작한 지 3년밖에 안 된 아이였다. 열두 살 소년 바수니스트도 음악적 감각이 뛰어났다.

•   빈곤층 청소년에게 음악교육을 실시한 엘 시스테마를 가리킨다.—옮긴이 주

이 오케스트라에서는 나이가 한두 살이라도 더 많은 단원들이 어린 단원들을 도와주고 악기를 가르치고 있었다. 약간의 월급이 나오기 때문에 가족들에게 도움이 될 수도 있었다. 그러한 세대 간의 아름다운 교류가 부러울 지경이었다. 우리 피아니스트들은 늘 좀 외롭고, 홀로 몰두한다.

알리스 헤르츠좀머*는 테레진 수용소 생존자이자 백여 회 연주회를 가진 피아니스트다. 그녀는 자기 어머니에게 오래 살아남는 비결을 전수받았다고 한다. 매일매일, 새로운 그 무엇을 배울 것.

---

* 2014년 2월 23일 향년 110세로 사망했다.

무대

연주를 하다가 기억이 안 나서 당황한 적이 있다. 앙코르 무대였다. 같은 대목을 빙빙 돌았다. 눈을 질끈 감고 손가락이 제멋대로 움직이게 내버려두고서야 비로소 그 숨 막히는 터널에서 빠져나왔다.

나는 연주를 하지 않기 위해 말도 안 되는 짓까지 해봤다. 압지를 축축하게 적셔서 신발 안쪽에 깔고 신으면 병이 나고 열이 펄펄 끓는다는 얘기를 어디서 들었다. 그래서 실제로 해봤다.

슈만의 〈숲의 정경〉 연주를 마치면서 중간에 곡 하나를 빼먹었다는 것을 깨달았다. 그 곡을 연주했다. 그러고 나니 또 다른 한 곡도 빼먹은 것 같았다. 그다음은 아무것도 기억나지 않는다. 정말 끔찍했다. 정신을 차려보니 아예 작품 전체를 처음부터 다시 시작하고 있었다.

가끔은 뭘 하지도 않는데 음악이 저절로 찾아온다. 손가락과 귀가 알아서 지휘봉을 잡는다.

어떤 기자가 나의 연주에 에로티시즘과 신비주의가 어우러져 있다고 평했다. 그렇게까지 역설적인 얘기는 아니라고 본다.

피아니스트 슈테판 아슈케나제가 이런 말을 했다. "내가 연주회에서 꾸벅꾸벅 존다면 괜찮다는 신호다. 내가 바짝 깨어 있다면 문제가 있는 거다."

나는 오랫동안 피아노를 치지 않고도 잘 지낼 수 있다. 피아노에 손을 대지 않으면 한 이틀은 치고 싶어서 근질근질하지만 그 후로는 잊어버린다. 대신, 다시 시작할 때 무척 애를 먹는다.

나는 악몽을 꾸곤 한다. 무대에 오른다. 오케스트라 지휘자와 단원들의 보면대에는 악보가 놓여 있는데 나는 그게 무슨 작품의 악보인지 모른다. 나는 들어본 적도 없는 작품을 연주해야 한다. 그때 경찰이 나타나고 나는 도망친다.

독일에서는 미니스커트를 입고 연주회 무대에 올랐다. 짐 가방이 분실되어 달리 입을 옷이 없었다.

이탈리아에서는 연주회를 위해 준비한 의상이 찢어져서 급히 꿰매야 했다. 옷 뒤쪽 지퍼가 걸려서 꼼짝도 안 하더니 그 사달이 났다.

열일곱 살 때 이탈리아에서 연주가 잡혔다. 호텔에 도착했는데 연주를 하기 싫어 죽을 것 같았다. 주최 측에게 손가락 하나를 다쳤다고 말했다. 내 말을 사실로 만들기 위해 면도칼로 손가락을 살짝 쩼다. 피를 보니 무서웠다. 다음 주에 연주회를 하나 더 취소해야만 했다. 상처가 감염되었던 것이다.

연주는 그래도 괜찮다. 가끔은 연주회 이후가 무대 자체보다 고되다. 최악은 무대에 오르기 전까지다. '나는 왜 피아노를 치는 걸까?'

라는 생각이 든다. 남들은 영화도 보러 가고 좋아 보인다. 우리는 그럴 수 없다.

사람들은 우리가 무대에서 행복하다고, 그 순간을 기다린다고, 착착 준비를 한다고 생각한다. 아니, 그렇지 않다. 우리는 준비되어 있지 않다. 하고 싶지도 않다.

스테파니가 아기일 때는 그 애를 너무 많이 안고 다니다 보니 팔뚝과 새끼손가락에 통증이 있었다. 그전까지는 신체적으로 전혀 문제가 없었다. 그 흔한 건염조차 걸린 적 없었다. 그래서 나는 독주회를 취소했다. 빵을 썰거나 전화기를 들 때조차 통증을 느꼈기 때문이다. 그래서 손목, 발목에 중량벨트를 차고 운동을 시작했더니 통증이 사라졌다. 하지만 그 후에도 독주는 하고 싶지 않았다. 마지막으로 섰던 독주회는 일본과 독일에서였는데, 레퍼토리는 바흐의 〈토카타와 푸가 C단조〉, 쇼팽의 〈발라드 1번〉, 브람스의 〈소나타 2번〉, 스크랴빈의 〈소나타 5번〉, 프로코피예프의 〈로미오와 줄리엣〉 발췌곡이었다. 충동적 결정은 아니었지만 심사숙고해서 내린 결정도 아니었다. 그냥 그렇게 됐다. 미셸 베로프의 병˙도 연관이 있었던가. 이제 다 모르겠다.

다 오래전 일이다. 지금은 다른 무대도 충분하고 굳이 독주를 하지 않아도 된다. 레퍼토리 때문에 독주를 하고 싶은 마음이 들 때도 있다. 그리고 독주가 나에게 심리적으로 도움이 될 거라고들 한다. 어쨌

˙　미셸 베로프는 피아니스트에게 치명적인 국소성 근육긴장이상으로 오랫동안 고생했다. ―옮긴이 주

든, 나는 왜 이렇게 피하고 싶을까? 독주회는 왠지 배우의 원맨쇼 같은 데가 있다. 특별하긴 하지만 다수에게 재미있는 무대는 아니라고 생각한다.

내가 독주회에 서야만 한다면 베토벤의 소나타 하나는 꼭 레퍼토리에 넣고 싶다. 내가 이미 연주한 적 있는 작품으로. 작품번호 101번〈피아노 소나타 28번〉 아니면 10번〈피아노 소나타 5번〉, 아니면 '고별〈피아노 소나타 26번〉'.

이런 악몽도 꾼다. 대공연장 피아노 앞에 섰다. 연주를 해야 한다. 그런데 뭘 해야 할지 모르겠다. 프로그램이 전혀 기억나지 않는다. 속으로 생각한다. '바흐의 〈파르티타 2번〉일 거야. 아니면 〈어린이 정경〉이겠지.' 우물쭈물하는 동안 시간은 흐른다. 그래서 나는 도망쳐 버린다.

문제는 기억력이 아니다. 기억력이 문제였던 적은 없다. 현미경으로 들여다보는 곤충의 처지에 놓인다는 게 싫다. 사적인 공간이 좀 필요할지도 모르겠다. 파리의 살 가보Salle Gaveau나 밀라노 음악원 연주회장이 피아노 연주에 참 잘 맞는다.

무대에서는 평소와 다른 상태에 있다. 신체언어도 바뀐다. 그렇기 때문에 무대공포증에서 비롯되는 신체 경직의 문제가 생길 수 있다.

사람들이 내가 연주하는 모습을 보는 게 좋지는 않다. 그래서 나는 머리칼로 내 얼굴을 감춘다. 다행히 나는 피아니스트이기 때문에 옆모습밖에 안 보인다. 바이올리니스트나 첼리스트였다면 더 힘들었을 것이다.

독주회를 그만둔 후에도 슈만의 〈환상곡 C장조〉와 쇼팽의 〈소나타 3번〉은 벳푸에서 연주했다. 그리고 나를 수술해준 모턴 박사에게 감사하는 뜻으로 존 웨인 암 연구소를 위해 카네기홀 무대에도 섰다. 프로코피예프 〈피아노 소나타 7번〉과 쇼팽의 〈뱃노래〉가 레퍼토리에 있었다. 파리와 독일에서는 바흐의 곡들, 그리고 슈만의 〈어린이 정경〉을 연주했다.

혼자 하는 연주라고 해도 여러 예술가가 함께 서는 연주회에서라면 나도 좋다. 프로그램을 처음부터 끝까지 혼자 감당하는 연주회는 나를 지치게 한다. 듣는 사람 입장에서도 마찬가지다. 나 역시 같은 사람 연주만 계속 들으면 좀 지루하다.

연주에 몰입하고 있는 아르헤리치(2009, © Gettyimages)

짧은 말

혼자인 것보다는 별로인 사람들하고라도 어울리는 편이 낫다.

나는 비판도, 찬사도 좋아하지 않는다.

쪼들리면서도 살아봤고 돈을 잘 쓰면서도 살아봤지만 아무것도 달라지지 않았다.

내가 사랑을 하기 위해 태어난 사람 같지는 않다.

나는 새끼 돼지처럼, 혹은 미친 말처럼 피아노를 치게 되려나?

그는 내게 캐비아를 주었지만 빵을 빼앗아 갔다.

밀스타인은 영어를 잘 못했다. 그는 자신에 대한 비평 기사를 읽으면서 '그러나but'가 어디에 나오는지를 찾았다.

피아니스트는 바이올리니스트의 노예다.

나는 요즘 만사가 지겹다.

피아노를 치지 않은 지 꽤 오래됐는데 치고 싶은 마음도 없다. 이제 내가 누구인지도 잘 모르겠다.

상황을 뒤집고 싶은데 그런 체계가 갖추어져 있지 않다. 대부분은,

그냥 당황할 뿐이다.

　나는 재즈, 플라멩코 같은 음악 장르에도 열려 있다. 라디오를 자주 듣는다. 그냥 틀어놓고 음악이 나오면 나오는 대로 듣는다.

　피아노를 치는 건 아주 좋아하지만 피아니스트로 사는 건 별로다. 이 직업에는 진짜 음악과는 상관도 없는 것들이 꽤 많다.

　나는 좀 재미있지만 너무 우스꽝스럽지는 않은 할머니가 되고 싶다.

인질

마르타 아르헤리치와 여러 단계를 함께 거친 이 여정의 끝에서(나 야 물론 끝이 아니기를 바라지만) 우리를 그녀와 이어주는 것이 과연 무 엇일까 궁금해졌다. 우리는 그녀가 연주를 한다고 하면 왜 열 일 제 쳐놓고 달려가는가? 왜 객석에 한 자리를 차지하려고 기를 쓰는가? 왜 잠깐 얼굴이라도 보겠다고, 말 한마디라도 건네보겠다고 하염없 이 기다리는가? 왜 연주회 며칠 전부터, 혹은 연주를 보고 와서 밤잠 을 설치는가?

간단하게 답할 문제는 아니다. 단순히 아름다운 음악을 듣고 그 감 미로운 순간을 어떻게 해서든 오래오래 가져가고 싶어서 그러는 것 만은 아니다. 마르타 아르헤리치는 범할 수도 없고 지워지지도 않을 것, 만물의 처음이자 마지막인 그 무엇과 이어져 있는 극히 드문 사 람 중 하나이기 때문에 그런 것이다.

그녀는 아주 어렸을 때부터 그걸 알았고, 받아들이기 힘들어했다. 그게 바로 책임감이었다. 만족시켜야 하는 모든 기대. 모든 사랑, 모든 요구.

그러한 남들의 생각을 진짜로 믿어버릴 위험, 자신을 너무 진지하고 대단하게 생각하다가 거짓 예언자가 되어버릴 위험. 우리는 그러한 위험을 안다. 그게 아니면 전적인 희생, 순교, 헌신의 은혜. 온전한 겸손, 일종의 무분별 상태에서만 그런 게 가능하다. 그래서 이 긴장, 이 분노, 이 공포 어린 외침이 빚어지건만 남들의 눈에는 변덕처럼, 시스템에 대한 거부처럼 보일 뿐이요, 어른스럽지 못하다는 말까지 나온다.

우리의 착한 요정님이 피아노 치는 기계, 죄를 사해주는 기계가 되지 않으려면 생활하고, 웃고, 느긋하게 시간을 누려야 한다. 그녀에게는 신적인 번득임이 있다. 섬세한 영혼들은 그 번득임 가까이서 세상을 더 잘 보고 더 잘 이해하고 싶고, 삶의 무게를 잊고 싶다. 하지만 그녀는 진정한 자기 자신으로 남기를 원한다. 경건한 이미지, 소금 조각상, 가엾은 떠돌이 마법사가 되고 싶지 않다면 그래야만 한다.

솔직히 내가 그 사실을 깨닫기까지 그리 오래 걸리지는 않았다. 그녀는 음악의 천재인 동시에 인간다움의 천재다. 두 천재성은 쉽게 짝을 이루지 않을뿐더러 걸핏하면 갈등을 일으킨다. 그녀에게는 질서로 다스려지지 않는 자연의 정령 같은 면이 있다고 할 수도 있겠다.

그래서 마르타 아르헤리치는 단지 위대한 음악가일 뿐 아니라 음악, 인간다움, 자연의 화신이다. 그것이 이해하기 쉽지 않은, 자유로운 존재를 낳았다. 파스테르나크가 노래했던 시간의 포로, 영원의 인질을.

그녀의 친구들과 청중은 이 모든 일이 완벽하게 정상인 것처럼, 단지 놀이에 지나지 않다는 듯이, 그렇다, 그녀가 평생 어린아이로 살 권리가 있다는 듯이 받아들이느라 고생깨나 한다. 초월성이 작용하려면, 마력이 효과를 발휘하려면, 그리하여 연극이 오래오래 계속되고 우리 모두 구원을 받으려면 어쩔 수가 없다.

올리비에 벨라미

그게 마르타다!

    사람들은 그녀를 무슨 디바처럼 생각하지만 절대로 그렇지 않다. 그녀는 자기 자신이기 위해 대가를 치른다. 마르타는 부서지기 쉬운 사람이다. 내 기억으로는 야샤 하이페츠Jascha Heifetz도 비슷했다. 마르타는 영매다. 그녀는 자기 자신을 이해하고 싶은 마음이 없다.

    마르타는 위대한 예술가가 무엇인지 모른다. 모르면서도 실은 알고 있다고 해야 할지, 아니면 알면서도 모르고 있다고 해야 할지.

    그녀는 내세의 존재이다. 폭우가 몰아치고 난 뒤에는 물웅덩이만이 무슨 일이 일어났었다는 증거로 남는다. 마르타는 마르타이고 그 외에 아무도 마르타일 수 없다. 하이페츠와 하이페츠 아닌 사람들이 있었고, 호로비츠와 호로비츠가 아닌 사람들이 있었다. 지금은 마르타와 마르타 아닌 사람들이 있는 것이다.

    그녀는 이 행성에 살고, 사람들이 그녀의 리듬을 존중한다는 조건으로 여기서 잘 지내고 있다. 그녀의 리듬이란 음악의 자연스러운 리듬이기도 하다. 그녀가 이상한 게 아니라 인간의 리듬을 거부하는 이

세상이 미쳐 돌아가는 것이다. 설령 마르타가 정신이 나갔다 해도 오히려 좋다. 나의 신께서 그녀를 그렇게 살도록 만드신 거니까.

마르타에게는 어떤 클리셰도 적용할 수 없다. 무대에서 마르타는 피아노의 천둥이다. 생활 속의 마르타는 여왕벌이다. 그녀는 모두를 끌어들이는 빛 같다. 누구에게도 위압적이지 않은 그 빛 아래서 다들 행복하다.

마르타를 보면 영화 〈푸른 천사〉의 마를레네 디트리히가 떠오른다. "나는 머리부터 발끝까지 사랑을 위해 만들어졌어요." 그게 마르타다.

이브리 기틀리스*

* 이브리 기틀리스는 이 책이 집필되던 2020년 12월 24일, 파리에서 98세로 영면했다.

감사의 말

　자크 텔랑, 가엘 뒤부르디외, 나탈리 크라프트, 마리베르나데트 카스텔라니에게 감사한다.

피아니스트로 사는 건 별로라니요

올리비에 벨라미가 쓴 마르타 아르헤리치의 평전을 번역하면서 그가 세기의 피아니스트를 곧잘 소탈하다 못해 자의식이 거의 없는 모습으로 묘사하는 대목을 보며 의구심이 들곤 했다. 아니, 평생을 특별한 존재로만 살아온 사람이 정말 그럴 수 있을까?

참고 삼아 찾아보았던 연주 영상이나 텔레비전 방송, 다큐멘터리속의 마르타 아르헤리치도 이 인지부조화에 한몫했다. 아르헤리치는 어릴 때부터 카리스마가 넘치고 거칠 것이 없어 보였다. 강렬한 눈빛과 묘하게 여유 있는 태도는 흑백 영상을 뚫고 사람을 압도하는 무언가가 있었다. 셋째 딸 스테파니가 2012년 제작한 영화 〈마르타 아르헤리치와 세 딸들〉 속 그녀는 무대에 오르기 전에 긴장을 한다든가 딸의 출산에 마음을 졸이든가 하는 인간적인 모습을 그나마 많이 보여주지만……. 글쎄, 일단 팔순에 가까운 나이에도 저런 연주를 하는 것부터가 '사기캐' 아닌가.

별로 대단치 않은 사람이 거만한 경우는 많아도 신동으로 태어나

평생 천재 소리를 들은 사람이 자신을 대단찮게 여길 수 있을까? 본인도 자신이 타고났다는 것을 모르지 않을 텐데. 세 가지 경이로운 현상으로 "굴다의 두뇌, 프레이레의 마음, 아르헤리치의 손"이 거론될 정도로 신체적으로 타고났고(그렇게 빠르고 박력 있게 연주를 하는데도 피아니스트들에게 흔한 건염조차 걸려본 적 없다니!), 프로코피예프의 〈피아노 협주곡 3번〉을 자면서 외웠다고 할 정도로 무시무시한 기억력의 소유자이기도 하지 않은가.

그러나 아르헤리치의 입에서 나온 말과 구술된 문장 들은 나의 의구심을 상당 부분 해소해주었다. 가령 그녀는 피아노를 본격적으로 치기 시작하면서 동생과 떨어져 지내야 했다. 동생은 좁은 집에서 누나의 피아노 연습에 방해가 되어서는 안 된다는 이유로 조부모 집에 맡겨졌다. 유럽으로 이주한 후에도 아버지와 동생은 아르헨티나로 금방 돌아갔지만 어머니는 마르타의 연습과 커리어 관리를 위해 유럽에 남았다. 평전을 통해 그러한 사연은 이미 알고 있었지만, 이번 책을 작업하며 비로소 그녀가 동생을 얼마나 사랑했는지, 평생 어떤 부채 의식을 갖고 살았는지, 먼저 세상을 떠난 동생을 얼마나 그리워하는지 실감할 수 있었다. 그런 식으로 이미 알고 있었지만 아르헤리치의 말을 접하면서 보다 진심으로 이해하게 된 부분들이 있었다.

천성적으로 사람을 좋아해 가족과 친구와 어울려 지내야 행복했을 아이는 평생 학교도 가지 못하고 피아노만 보고 살아야 했다. 오죽하면 콩쿠르에 나갔던 이유도 그게 '학교 비슷한 것'이기 때문이었다고 말할까. 지금은 세상을 떠난 그녀의 가장 친한 친구도 콩쿠르를 계기로 사귀게 되었다고 한다.

마르타 아르헤리치는 인간관계에 관심이 많고, 남의 재능을 찾아주고 응원하기를 좋아하며(그래서 연주자가 아니라 연주자 매니지먼트를 했어야 한다고 말한다), 자신과 함께 살다가 헤어진 남자들에 대해서 한없이 관대하고, 늙어서도 다른 음악인들과 모여서 살기를 꿈꾼다.

그녀는 1980년대 중반부터 독주보다는 협연에 집중하고 있다. 예술가의 숙명이 자신의 결핍 혹은 억압을 예술로 승화하는 것이라면, 그녀 역시 독주자로서 최고의 커리어를 이어가는 대신 서로의 소리를 들으며 호흡을 맞추는 실내악 협연에 몰두하는 것으로 그러한 승화를 하고 있는지 모른다.

올리비에 벨라미는 평전에 이어 또 한 번 마르타 아르헤리치의 예술을 이해하는 데 중요한 길잡이를 마련해주었다. 비록 마르타 아르헤리치는 피아니스트로 사는 건 참 별로라고 말하지만, 나는 이 책을 번역하는 동안 오랜만에 그녀의 피아노 연주곡을 찾아 들으면서 생각지 못했던 위로를 받았다. 이 시대의 피아니스트로 살아주셔서 감사하다고 말하고 싶을 만큼.

2023년 1월
이세진

1941   6월 5일, 아르헨티나 부에노스아이레스에서 후안 마누엘 아르헤리치와 후아나 엘레트 사이의 첫째 딸로 태어난다.

1945   남동생 카시케가 출생한다.

1946   빈센초 스카라무차에게 레슨을 받기 시작한다.

1947   테아트로 콜론에서 클라우디오 아라우가 연주한 베토벤의 〈피아노 협주곡 4번〉을 듣고 음악의 매력을 처음 발견한다.

1950   알베르토 카스텔라노스의 지휘로 모차르트의 〈피아노 협주곡 20번〉을 오케스트라와 협연한다.

1953   아르헨티나에서 프리드리히 굴다를 처음 만난다.

1955   가족과 함께 빈으로 이주한다. 당시 아르헨티나 대통령이던 후안 페론의 도움으로 아르헤리치의 아버지는 빈 대사관에 일자리를 얻게 된다. 빈에서 프리드리히 굴다에게 레슨을 받기 시작한다.

1957   볼차노 부조니 콩쿠르, 제네바 콩쿠르에서 우승한다.

1958   젊은 음악가에게 수여되는 포디움상을 수상한다. 이탈리아, 스위스, 독일 등지에서 연주회를 연다.

1959   샤를 뒤투아와 라벨의 〈피아노 협주곡 G장조〉를 협연하면서 처음 만난다. 루지에로 리치와 함께 소비에트연방 순회 연주를 한다.

1960   처음으로 연주 활동을 중단한다. 도이치 그라모폰사에서 첫 음반을 발매한다.

1961   아르투로 베네데티 미켈란젤리로부터 레슨을 받기 시작한다.

1963   블라디미르 호로비츠를 만나기 위해 뉴욕으로 건너간다. 호로비츠가 사는 곳 근처에 집을 구했으나 호로비츠를 직접 만나지는 못한다. 다만 뉴욕에 체류하며 음악가 친구들과 교유한다. 그때 만난 지휘자 첸량셍과 결혼한다.

1964   런던 무대에 데뷔한다. 슈테판 아슈케나제로부터 레슨을 받기 시작한다. 3월 28일, 큰딸 리다를 출산한다. 첸량셍과 이혼한다.

1965   연주 활동을 재개한다. 제7회 쇼팽 콩쿠르를 우승한다.

1966   뉴욕 무대에 데뷔한다. 평생의 연인이자 친구가 되는 피아니스트 스
        티븐 코바세비치와 처음 만난다.

1967   클라우디오 아바도와 함께 라벨의 〈피아노 협주곡 G장조〉, 프로코피
        예프의 〈피아노 협주곡 3번〉을 녹음한다. 파리 무대에 데뷔한다.

1968   스카라무차가 사망한다. 레너드 번스타인의 지휘로 뉴욕 무대에 오르
        기로 했으나 취소한다.

1969   몬테비데오에서 지휘자 샤를 뒤투아와 결혼한다.

1970   일본에서 첫 순회 연주를 개최한다. 10월 4일 베른에서 둘째 딸 아니
        뒤투아를 출산한다.

1971   도이치 그라모폰에서 리스트의 〈피아노 소나타 B단조〉, 슈만의 〈피아
        노 소나타 2번〉 음반을 발매한다.

1972   샤를 뒤투아와 스위스 로잔에서 차이콥스키의 〈피아노 협주곡 1번〉을
        협연한다.

1973   뉴욕 메트로폴리탄 극장에서 독주회를 연다.

1974   샤를 뒤투아와 이혼한다. 파리에서 세르주 첼리비다케와 슈만의 〈피아노 협주곡〉을 연주한다.

1975   도이치 그라모폰에서 쇼팽의 전주곡 음반을 발매한다. 3월 17일, 스티븐 코바세비치와의 사이에서 셋째 딸 스테파니 아르헤리치를 출산한다.

1978   멕시코에서 로스트로포비치와 라흐마니노프의 〈피아노 협주곡 3번〉을 협연한다.

1980   바르샤바 쇼팽 콩쿠르에서 '포고렐리치 스캔들'을 일으킨다.

1982   넬손 프레이레와 함께 다수의 연주 무대를 가진다.

1984   베토벤의 〈바이올린과 피아노를 위한 소나타〉 전곡을 기돈 크레머와 함께 녹음한다.

1986   다니엘 바렌보임이 지휘하는 파리 오케스트라와 데 파야의 〈스페인 정원의 밤〉, 리스트의 〈죽음의 춤〉을 협연한다.

1989   모친 후아니타 아르헤리치가 사망한다. 알렉산드르 라비노비치와 러

시아 순회 연주를 한다.

1992   리옹에서 에마뉘엘 크리빈과 협연한다. 첫 번째 암(악성 흑색종)을 진 단받는다.

1995   벳푸 아르헤리치 페스티벌을 개최한다.

1996   비올리스트가 된 장녀 리다 첸과 함께 코펜하겐에서 연주한다.

1997   흑색종이 재발한다. 로스앤젤레스에서 수술을 받는다.

1999   부에노스아이레스에서 제1회 마르타 아르헤리치 페스티벌과 콩쿠르 를 개최한다.

2000   3월 25일, 카네기홀에서 독주회를 연다. 부친 후안 마누엘 아르헤리치 가 사망한다.

2002   루가노 아르헤리치 프로젝트가 발족한다.

2003   베르비에 페스티벌에서 예브게니 키신과 연주한다. 남동생 카시케가 사망한다. 유르크 그란트(압둘)도 사망한다.

2006   기돈 크레머와 순회 연주를 한다.

2009   샤를 뒤투아와 순회 연주를 한다.

2012   셋째 딸 스테파니가 엄마로서의 아르헤리치를 담은 다큐멘터리영화 〈마르타 아르헤리치와 세 딸들Bloody Daughter〉을 제작 및 감독한다. 그 라모폰 명예의 전당에 오른다.

2016   75세 생일 기념으로 베를린 필하모니 극장에서 다니엘 바렌보임과 협 연한다. 케네디 센터 공로상을 수상한다.

2022   다니엘 바렌보임과 함께 순회 연주를 한다.

인명·곡명

단체명 · 축제 · 기타